Das Buch

Moritz Rinke durchstreift unsere Gegenwart, wird zu ihrem Chronisten und entdeckt die Farce als höhere Gesellschaftsform.
Er macht im Hochzeitsanzug Revolution und besucht Karl Liebknecht, um zu träumen. Er begibt sich mit Politikern und Rennfahrern zu einem Therapeuten fürs Karriereende, schreibt für Seehofer E-Mails an dessen Exfreundin und erlebt mit der Bundeskanzlerin eine Notlandung in Afrika. Er trifft den zweiten Mann auf dem Mond, vergnügt sich mit Max Frisch im Stundenhotel und flüchtet mit Samuel Beckett aus den sozialen Netzwerken. Zuletzt steht er mit der allgegenwärtigen Krise vor dem Kanzleramt im Schnee.

Scharfsinnig, witzig und liebevoll verrückt schreibt Moritz Rinke über unsere Gegenwart, über Politik und Kunst, über die menschliche Seele und untergegangene Träume.

Der Autor

Moritz Rinke, geboren 1967 in Worpswede, studierte »Drama, Theater, Medien« in Gießen. Seine Reportagen, Geschichten und Essays wurden mehrfach ausgezeichnet. Sein Stück »Republik Vineta« wurde 2001 zum besten deutschsprachigen Theaterstück gewählt und 2008 für das Kino verfilmt. Im Sommer 2002 kam bei den Festspielen in Worms Rinkes Neudichtung der »Nibelungen« zur Uraufführung, die in den Folgejahren auf der Bühne und im Fernsehen ein Millionenpublikum fand. Sein Stück »Café Umberto« ist Bestandteil einiger Lehrpläne. 2010 erschien sein Debütroman »Der Mann, der durch das Jahrhundert fiel«, der zum Bestseller wurde. Zuletzt erschien »Also sprach Metzelder zu Mertesacker«. Sein neues Theaterstück »Wir lieben und wissen nichts« ist eines der erfolgreichsten Dramen der letzten Jahre, wird an über 30 Bühnen gespielt und für das Kino verfilmt. Moritz Rinke lebt und arbeitet in Berlin.

KiWi
1362

Moritz Rinke

Erinnerungen an die Gegenwart

Kiepenheuer & Witsch

Verlag Kiepenheuer & Witsch, FSC® N001512

1. Auflage 2014

Umschlaggestaltung: Barbara Thoben, Köln
Umschlagmotiv: © Dan Burn-Forti/Getty Images
Gesetzt aus der Sabon und Meta
Satz: Buch-Werkstatt GmbH, Bad Aibling
Druck und Bindearbeiten: CPI books GmbH, Leck
ISBN 978-3-462-04611-3

Die durchdringende Stimme dieser Gegenwart ist nicht
zu übertönen, sie scheucht den sanftesten Träumer
aus den letzten Winkeln in das unbarmherzige Licht
des Tages.

Leo Lania

INHALT

MODERN TIMES (Zu moderne Zeiten)

UNTERWEGS MIT DER KANZLERIN (KriseKriseKrise)

FANATIKER DES AUGENBLICKS (Alles über Bewusstseinsbulimie)

IM WARTEZIMMER DER WÜRDE (Lauter Farcen)

DAS LEBEN HINTER DEN NACHRICHTEN (Reisen)

MODERN TIMES
(Zu moderne Zeiten)

1

Raketen nach Ratingen! / Über alltäglichen Terror

Zwischen 18 Uhr 30 und 19 Uhr bekomme ich immer Anrufe. Am Mittwoch waren es drei. Beim ersten nannte eine männliche Stimme irgendeine Abkürzung, in welchem Auftrag sie anrufe, und dann fragte die Stimme:

»Führen Sie einen Single-Haushalt?«

»Wollen Sie wissen, ob ich Single bin?«, fragte ich.

»Nein«, sagte die Stimme, »ich will wissen, wie Ihr Reinigungsverhalten ist!«

»Reinigen denn Singles anders als Paare?«, fragte ich.

»Paare waschen mehr! Bei Ihnen wäre die Trockenreinigung sinnvoller, weil die Intervalle zwischen den Waschgängen größer sind!«

»Ach so«, sagte ich, »ich bin aber an Trockenreinigung nicht interessiert, ich treffe nämlich manchmal eine Frau, und dann waschen wir zusammen. Tschüss.«

Beim nächsten Anruf gratulierte mir eine weibliche Computerstimme aus 40822 Ratingen zur BARGELD-NOMINIERUNG OHNE HAKEN, ich bräuchte nur die Taste 1 plus die Sternchentaste zu drücken, um die »Gewinnübergabe« vornehmen zu lassen, die Freischaltung zur Gewinnübergabe berechne man mit einem Verbindungsentgelt von 1,99 Euro pro Minute usw., was »bequem« über die Telefonrechnung abgerechnet werde. Die Stimme sagte wirklich »bequem«. Welche Tasten man noch drücken sollte: die 5 plus Sternchen, dann die 2 plus Raute, wieder die 5 plus Sternchen, endgültige Freischaltung mit zusätzlicher SACHPREISOPTION, dann folgte Musik, Musik …

Zwischendurch bekam ich eine SMS: »Ich bin hier unter meiner Schmusedecke. Kommste? Hast du ihn schon in der Hand? ILONA freut sich auf dich. (1, 86 EUR/MIN)«

Am Festnetz fragte die Computerstimme aus Ratingen, ob man sich für Auto und Wirtschaft (1 plus Raute), Freizeit und Reisen (2 plus Sternchen), Computer und Mobilfunk (3 plus Raute) oder Wellness und Lifestyle (4 plus Sternchen) interessiere. Musik, Musik …

Als ich auflegte, rief eine Frau von der Forschungsgruppe »Allergie in Deutschland« an, ob ich wüsste, dass sich Allergien vermeiden ließen, wenn im Haushalt Hygiene mit Tiefenreinigung herrsche.

Ich fragte: »Haben Sie was mit der Trockenreinigung von vorhin am Hut?«

Habe sie nicht, versicherte die Frau.

»Mit ILONA?!«

Ilona kenne sie nicht, sagte sie.

Letzte Woche war ich beim Parteivorsitzenden der SPD zum Essen eingeladen, einige Künstler saßen um den Vorsitzenden herum und diskutierten über das Sicherheitskonzept in Zeiten des globalen Terrorismus, ein wichtiges Gespräch. Blöderweise musste ich dabei die ganze Zeit darüber nachdenken, ob die TIEFENREINIGUNG nicht doch etwas mit den Verbrechern von der TROCKENREINIGUNG zu tun hat und warum es in Deutschland Spionageprogramme gegen Islamisten und alles Mögliche gibt, aber Gangster aus Ratingen ungehindert die halbe Republik abzocken können.

Jedes Jahr gibt es schätzungsweise 328 Millionen solcher Anrufe. 328 Millionen! Wenn da nur jeder Hundertste auf die 1 plus Sternchentaste drückt! Wir sind vermutlich eine völlig tiefen- und trockengereinigte Republik, in der überall abgezockte Telefonopfer umherlaufen, denen der Innenminister oder der Verbraucherschutz keine Abwehrsysteme und Bundestrojaner zur Verfügung gestellt haben, obwohl die EU-Datenschutzrichtlinien eigentlich eine größere Gegenwehr des Gesetzgebers gegen diesen Telefonterror verlangen!

Der Soziologe Wolfgang Sofsky schreibt in seinem Buch »Die Verteidigung des Privaten«, dass man dem »Ruin der Freiheit« mit allen Mitteln sofort entgegentreten müsse. Das kann man wohl sagen, am besten mit Online-Durchsuchung, GSG-9-Einsätzen in Callcentern und Raketen nach Ratingen.

Und wenn jetzt nichts geschieht, habe ich mir gedacht, dann rede ich mal mit ILONA. Ich kenne ja ein paar Handynummern von Politikern. Danach sind die reif für die Trockenreinigung.

2

Ich bin Migrationskunde! – Ich möchte endlich ein sozialistisches Handy mit einem kommunistischen Mobiltarif! / Über die Tücken des Internets

Manchmal sehe ich sie noch im Fernsehen, diese Frau: Groß, schlank, sehr schön, und immer zieht sie tanzend rote Bänder hinter sich her, die sich dann zu einer Schleife vor der Frau verdichten, so als wollte sie sich selbst verschenken. Früher habe ich die Frau sogar auf dem neobarocken Charlottenburger Tor der Straße des 17. Juni gesehen: ungefähr 25 Meter groß, die Beine allein waren bestimmt 15 Meter lang. »Mein ein und Alice« stand da sehr originell in Höhe der Waden, sie warb fürs Surfen im Internet. Ich bin dann durchs barocke Tor durchgefahren und habe an diesen Schlager gedacht: »Auf Wiedersehen, mein schönes Mädchen«, ladda, ladda, ladada dada, so geht, glaube ich, der berühmte Refrain, Henry Valentino.

Ein paar Wochen später habe ich dann in meine Kontoauszüge geguckt: 341,45 Euro Lastschrifteinzug AOL. Ich rief bei »AOL Deutschland« an und fragte, was das bitte soll, und dann hieß es, dass sei ALICE.

Ich sagte: »Die mit den langen Beinen?«

»Ja«, antwortete die AOL-Kundenberaterin. »Genau die!«, ich hörte sogar einen fast vorwurfsvollen Unterton heraus, so als stünde ich eigentlich der Kundenberaterin nahe, hätte aber ein Techtelmechtel mit ALICE.

»Entschuldigung«, sagte ich, »mir wurden 341,45 Euro abgebucht, das Problem habe doch ich! Und abgebucht hat es AOL DEUTSCHLAND!«

»Das kriegt aber alles ALICE, das ist eine Tochter von HanseNet, die berechnet Ihnen jetzt 1,5 Cent pro Minute, rund um die Uhr. Ihr Router ist auf *always on* eingestellt, Sie sind also immer online, ob Sie im Internet sind oder nicht, das sind jeden Tag 20,70 Euro. In diesem Monat stehen bei Ihnen schon 210 Euro zu Buche, Sie sind jetzt Migrationskunde, die haben Ihre AOL-Flatrate gekündigt, und mich auch! In zwei Wochen ist hier Schluss, dann fahr ich nach Kuba!«

»Aha«, sagte ich, MIGRATIONSKUNDE, so ein irres Wort habe ich noch nie gehört! Wo kann ich bitte kündigen?«

»Keine Ahnung«, sagte sie, »bei uns nicht, wir sind nicht mehr zuständig, aber ALICE betreut Sie noch nicht, da können Sie erst im Dezember kündigen.«

»Habe ich das richtig verstanden?«, fragte ich, »ich bin MIGRATIONSKUNDE, weil ich mich für 1, 5 Cent pro Minute bis Dezember *always on* im Bermuda-Dreieck zwischen AOL, ALICE und HanseNet befinde??«

»So kann man das sagen«, erklärte die Beraterin.

»Das ist ja grotesk!«, erklärte ich.

Ich rief sofort bei der T-Com an: »Guten Tag, ich bin woanders Migrationskunde und möchte schnell zu T-Com, bitte ein DSL-Anschluss ohne ALWAYS ON, weil das bedeutet ALWAYS PAY!«

»Haben Sie doch schon seit zwei Jahren, Call & Surf Basic two«, sagte der T-Com-Berater. Scheiße, dachte ich, wusste ich gar nicht, »dann brauche ich unbedingt die Zugangsdaten für meinen Router, damit man das umstellen kann, ich bin nämlich bei ALICE, dieser Schlampe.«

»Sie sind im T-Com-Kundenservice, Zugangsdaten gibt's nur bei der Bestell-Hotline.«

Dort hieß es: »Bei uns gibt's alles außer Zugangsdaten

und Pizza, Sie müssen beim T-Online-Kundenservice anrufen.«

Ich schwöre, wenn man da anruft, dann geht danach das Telefon nicht mehr.

Ich weiß nicht mehr, ob wir die Welt noch verstehen, und ob diejenigen, die sie mit ihren grauenvollen Übernahmen, globalen Fusionen und intransparenten Always-on-Machenschaften behelligen, sie selbst überhaupt verstehen. So geht es auf jeden Fall nicht weiter, das ist ja so, als hätte sich der Kapitalismus mit dem Kommunismus zusammengetan, und jetzt sitzt man da mit lauter Raubtieren, die nicht zuständig sind.

Vielleicht sollten wir uns alle auf Kuba treffen und noch einmal grundsätzlich reden. Bis dahin muss ich einfach sämtliche Stecker rausziehen.

PS: Als ich später zu O2 wechselte, die mit dem blauen Himmel, passierte dies: Ich bekam einen O2-Anruf, ob ich nicht mit ALICE ins Internet wolle?

»Was haben Sie denn bitte mit ALICE zu tun??«, fragte ich panisch.

»Ja, das ist so«, sagte die O2-Stimme, »die Telefónica hat jetzt die HanseNet gekauft und deren Mobilfunktochter ALICE mit O2 verschmolzen.«

Das ist fast wie Stalking. Zwei Stunden später hatte ich ein Drama-Seminar an der Uni, und mitten in meine Ausführungen zum Katharsis-Begriff bei Aristoteles kamen Monster in den Raum gelaufen, dann folgten Frauen mit himmelblauen O2-T-Shirts, angeblich im Kampf gegen »Monstertarife«. Die eine O2-Frau stellte sich sogar guerillamarketinggerecht vor die Studenten und sprach statt von Aristoteles von Alice, ihrer neuen Tochter.

3

Wenn die Wolke Daten speichert / Über die Zukunft unseres Wissens

Cloud Computing! Ich dachte zuerst, das sei ein Witz. »Datenverarbeitung in einer Wolke«, hat ein Freund mir erklärt, nachdem ich ihm von meinen Sorgen mit dem iPhone 4 berichtet hatte.

»In einer Wolke?? Mein altes und mein neues Handy schaffen es ja nicht mal, ihre Daten miteinander zu verbinden oder zu verarbeiten, wie soll das denn in einer Wolke gehen?«

Mein ganzer Bekanntenkreis ist nämlich weg. Die Kontakte werden einfach übertragen, heißt es so schön bei der Kundenberatung im Mobil-Shop. Und dann sind nach dem Kauf und der Datenübertragung ausgerechnet nur die Kontakte auf dem neuen Handy, die man gar nicht braucht und von denen man sich sowieso schon längst hätte trennen müssen. Aber die anderen, die tollen Kontakte, die sind jetzt alle in dem alten Handy oder auf der alten Sim-Karte, und die neue Mini-Apple-Sim-Karte, die passt schon gar nicht mehr in das alte Handy.

»Das ist doch Wahnsinn, bei jedem neuen Handy und dieser bescheuerten Datenübertragung ändert sich mein Leben!«, sagte ich.

»Aber Cloud Computing«, fing der Freund wieder an.
»Warte«, rief ich, »ich bin noch nicht fertig mit meinem iPhone-Wahnsinn! Wenn sich meine Bekannten nicht von selbst bei mir melden, sehe ich die nämlich nie wieder! Ich habe versucht, die neue Mini-Sim-Karte mit so einem Scheiß-Plastik-Adapter in das alte Handy zu kriegen, aber

danach musste das alte Handy von Spezialisten auseinandergebaut werden, weil die Apple-Karte sich verkeilt hatte. Wenn ich nun mein altes ramponiertes Handygehäuse anschaue, könnte ich weinen. Wer da alles unter den Trümmern liegt!«

»Das wird dir nun nicht mehr passieren«, sagte der Freund. »Wegen Cloud Computing!« Bald nämlich würden wir unsere Daten gar nicht mehr bei uns in den Elektrotrümmern haben, sondern in irgendeinem Rechenzentrum im Internet.

»Also, das ist gar keine richtige Wolke?«, fragte ich.

»Nein, aber theoretisch könnte das Rechenzentrum in Timbuktu stehen, und du mietest dann da online Platz für deine Daten und kannst immer ran.«

»Und wenn der Strom ausfällt? Wie komm ich dann an meine Daten??«

»Keine Ahnung, vielleicht wird die Wolke dann mit Diesel betrieben.«

Das ist total irre. Die Handy-Industrie schafft es nicht einmal, zuverlässig Kontaktdaten von einem Handy auf das andere zu übertragen, und ich soll am Ende meine Romanfassungen und Kontoführungen in Timbuktu in einer Wolke abspeichern? Und wenn dann der Strom weg ist, brauche ich Diesel, um meine Liebesbriefe zu überarbeiten?

Kürzlich stand ich im Museum vor dem handschriftlichen Original von Mozarts »Die Hochzeit des Figaro«. Was wäre denn gewesen, wenn er die Oper in einer Wolke abgespeichert hätte? Was wird überhaupt von unseren Werken und Gedanken bleiben, wenn sie mit jedem neuen Rechner in alten, stillgelegten Computergehäusen festsitzen und wir vielleicht nicht einmal mehr ein passendes Kabel haben, um sie aufzurufen?

Der Regisseur Alain Resnais drehte 1956 einen großen Dokumentarfilm über die französische Nationalbibliothek. Es ist ein Film über das Gedächtnis der Welt. Über die Gabe von Menschen, alte Schriften zu restaurieren. Und sogar von der berühmtesten Bibliothek der Antike in Alexandria wurde noch etwas über Jahrtausende hinübergerettet. Aber wer wird in zweitausend Jahren Zugang zur »Wolke« haben? Wird es dann noch passende Kabel geben, genug Diesel?

Ich stelle mir vor, wie die Menschen der Zukunft vor unseren unsinnlichen Wolken und Rechenzentren stehen und mit den Schultern zucken. Und keiner wird mehr die Gabe haben, uns zu restaurieren.

4

All unsere schönen Daten / Über Facebook

In Samuel Becketts Stück »Das letzte Band« wühlt der 69-jährige Schriftsteller Krapp in den Schubladen seiner Vergangenheit; er öffnet Schachteln mit Tonbändern, die vor vielen Jahren von ihm besprochen wurden, und er hält sein Ohr an das Abspielgerät, um sich zu erinnern. »Mein Gott ... ah! Das kleine Luder«, dann hält er sich ein anderes Tonband ans Ohr: »Ah! Die kleine Range (...) Ein unvergleichlicher Busen ... (...) Leichte Besserung der Darmtätigkeit ... Schauerlich diese Ausgrabungen. Eintausendsiebenhundert Stunden von den achttausendundsoundsoviel verflossenen ausschließlich bei Facebook verplempert ...«

»Facebook« steht bei Beckett natürlich nicht, das habe

ich eingefügt. Bei Beckett heißt es »Kneipe« statt »Facebook«, aber ich kann mir schon vorstellen, wie jetzt der Facebook-Nutzer Maximilian Schrems, ähnlich wie der alte Krapp, über seinen Daten sitzt.

Der 24-jährige Schrems ist der erste Nutzer, der über die irische Datenschutzbehörde eine CD mit allen Daten anforderte, die Facebook bisher über ihn gesammelt hat. Es sind ausgedruckt 1200 Seiten, und bestimmt ist Schrems' Konvolut schon umfangreicher als Krapps letztes Band.

Wie das wohl sein wird, wenn die heute 20-Jährigen irgendwann auf ihr Leben zurückschauen? Werden sie dann bei der irischen Datenschutzbehörde anfragen und eine CD mit 12 000 000 000 000 Druckseiten bekommen?

»30. Oktober 2011, vor 5 Minuten: Ich esse Pommes!«. 27 Personen gefällt das. »2. November 2012, vor 3 Minuten: Ich bin gerade in Lüdenscheid!«. 48 Personen gefällt das. »25. Juli 2016, vor 2 Minuten: Ich hab jetzt iPhone 55. Damit kann man sich sogar die Haare föhnen«. 980 Personen gefällt das. Gefällt mir! Gefällt mir! Gefällt mir! Gefällt mir!

Nicht auszudenken, vor welchen Dimensionen von historisch relevanten Datenmengen wir stehen werden! Und nichts wird mehr in der »Timelime« zu löschen sein, wenn bald ALLES FÜR ALLE per Live-Stream übertragen wird: jede Bewegung, jeder Dialog im Netz, jeder angeklickte Link, jede virtuelle Regung, jedes »Gefällt mir«.

Berühmt geworden sind »Samuel Pepys geheime Tagebücher«, weil der Staatssekretär Pepy nicht nur über die Restaurationsepoche unter König Karl II. von England berichtete, sondern auch über seinen Stuhlgang, seine Puderungen und seine sonstigen Neigungen. Nur, was machen wir mit Datenmengen von 800 Millionen Pepy-Nachfolgern? Pepy brachte zehn Bände auf 3000 Seiten heraus, da schaffen die künftigen Facebook-Pepys doch bestimmt jeder tausend Bände?

Irre wird auch sein, wie wir später die Biografien der Politiker oder Dichter verfassen. Bei Martin Walser oder Christa Wolf schreiben die Forscher wahrscheinlich schon jetzt ehemalige Geliebte an, ob sie denn nicht noch alte Briefe des Dichters oder der Dichterin hätten; bei den Jüngeren wird man sich an die irische Datenschutzbehörde oder an die Geheimdienste wenden müssen.

Und werden die Dichterinnen und Dichter dann überhaupt noch selbst wissen, ob die intensivsten Begegnungen ihres Lebens in der analogen oder in der digitalen Welt stattfanden?

Bei Krapp lautet die schönste Stelle auf den Bändern: »Wir trieben mitten ins Schilf und blieben stecken. Wie sich die Rohre seufzend bogen unterm Bug! Ich sank auf sie nieder ... Nie erlebte ich eine solche Stille ...«

Vielleicht sind das die Krapps von morgen: Millionen, die über ihren Daten aus Irland sitzen und darüber rätseln, was sie draußen oder drinnen erlebt haben und ob sich die Rohre doch eher digital seufzend bogen.

5

Der Eisbär antwortete nicht / Ein umweltpolitischer Traum vom Jahr 2041

Beim Einschlafen und Grübeln über die Themen Finanzkrise, Atomausstieg, Ägypten, Syrien, unsere Koalition und das Dioxin in den Eiern ist mir etwas eingefallen, das ich total vergessen hatte: Das OZONLOCH!

Wo ist eigentlich das OZONLOCH geblieben?

Vorm Einschlafen hatte ich mir »2001: Odyssee im Weltraum« von Kubrick angeschaut, ein visionärer Film. Er wurde in den Sechzigern gedreht, spielt mehr oder weniger hinter dem Loch im Weltall, weil man schon nach Alternativen für die Erde sucht. Auch werden die ganze Zeit bunte Pillen gegessen, und nach so etwas wie Gurken oder Biosprossen kann man bei Kubrick lange suchen, wahrscheinlich hatte er schon Ehec, BSE, Dioxin, Glykol & Gammelfleisch etc. vorausgesehen, und nun gibt es eben nur noch Pillen oder Frankenstein-Gen-Fisch. Aber zurück zum vergessenen OZONLOCH.

Ich schlief ein und träumte, ich säße in meiner Heimat an der Weser im Jahre 2041: Gewaltige dahinschmelzende Eisberge flossen an mir vorbei. Einmal sah ich sogar einen Eisbären auf einem der Berge, er sah mich genauso irritiert an wie ich ihn.

»Sag mal, ist das die POLSCHMELZE, von der immer gesprochen wurde?«, fragte ich. Der Eisbär antwortete nicht.

Jetzt tauchte plötzlich der Urenkel von Jacques-Yves Cousteau, dem Tiefseeforscher, aus der Weser auf, der gerade mit einem Fernsehteam Haie filmte.

»Bonjour«, sagte ich. »Passen Sie bitte auf! Haie in der Weser kommen mir spanisch vor, vielleicht sind die alle durchgedreht?«

»Merci«, antwortete Cousteau und tauchte ab.

Ich lief befremdet durch meine alte Hansestadt. Wie lebhaft Bremen geworden war! Früher hatte es hier nur stumme, grußlose Bremer gegeben, doch nun war alles anders: Migrationsdruck und die Unbewohnbarkeit weiter Teile der Erde hatten Bremen zu einem neuen Kalifornien gemacht, natürlich auch wegen der KLIMAVERÄNDE-

RUNG. In der Straßenbahn gab es ein einziges Geschrei. Die Menschen gestikulierten wie früher in einem sizilianischen Bus. Nun mal nicht nostalgisch werden, dachte ich im Traum, du hast immer für eine multikulturelle Öffnung plädiert, auch in Bremen. In der Bahn saßen vorwiegend Afrikaner, die das Klima hier liebten, und Amerikaner, die ihr Land aus wirtschaftlichen Gründen hatten verlassen müssen. Dazu kamen die ganzen Holländer, die Bremen zu ihrer neuen Heimat erklärt hatten, nachdem die Niederlande 2022 endgültig untergegangen waren und man noch jahrelang Tulpen auf dem Meer über Amsterdam hatte schwimmen sehen.

Irgendwann stieg eine junge Frau zu. Wie schön sie war! In meiner Jugend hatte ich nie etwas mit einer Bremerin gehabt, ich war von Natur aus schüchtern, die Bremerinnen waren stumm, wie sollte da ein anregendes Gespräch zustandekommen? Als die Frau mir plötzlich gegenübersaß, dachte ich, jetzt oder nie, ich war immerhin schon 73!

»Wie heißt du?«, fragte ich.

»Yetunde«, antwortete sie.

»Bremerin?«

»Ja.«

Dann schickte mir mein iPhone 44444 alle Yetundes aus Bremen per Infrarotsendung auf meine WAP-Brille, und drei Minuten später wusste ich alles über jene Yetunde.

Leider stieg sie aus. Tja, das ist aber jetzt wie früher, dachte ich. Nun weißt du zwar alles über sie, aber gesprochen hast du schon wieder nicht mit der Frau. Ich hatte noch überlegt, ob ich sie per Infrarot über Facebook anstupsen sollte, aber dann ermahnte ich mich: Du bist 73, hör endlich auf mit der Anstupserei! Außerdem hast du eine 12-jährige geklonte Tochter.

Ich träumte, dass ich im Traum aufwachte und mir ein Frühstücksei von BIOHÜHNERN kochte, die ich in heimlicher, kulturkonservativer Verzweiflung züchtete und die meine Tochter ansah wie Dinosaurier.

6

Vampire in der Küche / Meine persönliche Geschichte der Lebensmittelskandale

Eigentlich wollte ich hier über »50 Jahre Sportschau« schreiben, aber jetzt habe ich mich doch für »30 Jahre Lebensmittelskandale« entschieden.

Alles begann am Mittagstisch meiner Oma mit den wachstumssteigernden Östrogenen, da war ich dreizehn, aß immer sonntags in Bremen bei den Großeltern, und meine Großmutter sagte eines Tages zu meinem Großvater: »Kalbfleisch kommt nie wieder auf den Tisch, basta!«

Kurze Zeit später setzte meine Oma meine heißgeliebten Nudeln wegen des Hühnerkots im Flüssigei ab. Gleichzeitig trank mein Opa Frostschutzmittel, weil er dachte, es sei Wein, er hatte danach ein sogenanntes Glykol-Problem. Der Larvenbefall von Seefischen mit Nematoden brachte das Kalbfleisch 1987 unerwartet auf unseren Tisch zurück, aber die Fische waren weg. 1989 trauerte meine Großmutter wegen der Listerien-Bakterien um ihre geliebten Leberpasteten, aber mein Großvater kannte kein Pardon, »Das ist das Ende der Pasteten, meine Liebe!«

1993 nahm meine Oma, nicht ohne Schadenfreude, das Kalbfleisch meines Opas wegen des ersten Auftauchens von sogenanntem Gammelfleisch wieder vom Teller. Stattdessen wurde Lachs gegessen, aber nur bis zum Skandal des getesteten Bakterienlachses, der offenbar das Immunsystem außer Kraft setzte. Danach gab es wieder Nudeln. Und Schwein – bis zum ersten Tag vom Schweinemast-Skandal.

Pestizide auf Paprika, Mineralöl in Hühnereiern und Salmonellen in Schokolade hatten meine Großeltern nicht so tangiert, aber die Nitrofurane im Geflügel bekümmerten meine Oma, sie verursachen die allerschlimmste Krankheit, die niemals mit Namen ausgesprochen wurde. Ähnlich war es beim Tetracyclin im Putenfleisch, das angeblich auch zu Zahnausfall führen konnte, sowie bei Semicarbazid in Deckeldichtungen und Schraubgläsern, das sich offenbar vampirartig auf die Lebensmittel stürzte, auf Gurken, Konfitüren, Fruchtsäfte, eingelegtes Gemüse, Soßen, Honig, Ketchup, Mayonnaise – meine Oma räumte die ganze Küche leer, und es gab erst einmal nur wieder Leberpasteten.

Mein Opa hatte nach seinem Glykol-Problem angefangen, nur noch Wasser mit Fruchtsirup zu trinken, bis eines Tages im Sirup das Hormon MPA gefunden wurde, das angeblich zeugungshemmend wirkte.

»Jetzt reicht's«, rief Opa, »erst Krebs!«, er sprach es wirklich aus, »dann keine Zähne mehr und Vampire in der Küche! Und nun auch noch zeugungsunfähig?!«

»Willst du etwa noch ein Kind??!«, schrie meine Oma hysterisch.

Irgendwann habe ich dann nicht mehr bei den Großeltern gegessen, sondern irgendwo draußen in der Welt, aber die Lebensmittelskandale dauerten an, es gab sogar immer mehr. Und ab der Jahrtausendwende hatten wir dann eindeutig mehr Lebensmittelskandale als Nazi-Skandale, das sollte etwas heißen in Deutschland. Früher hatten sich meine Großeltern noch manchmal über Hitler unterhalten, aber mittlerweile ging es laut der Familienberichte nur noch um Pasteten, Nudeln, Eier etc.

Mein Opa vertrat am Ende sogar die Theorie, dass es einfach um eine ausgeglichene Gifteinnahme ging, mal dieses Gift, dann jenes Gift, denn die hoben sich gegenseitig auf. »Alles gut mischen!«, sagte er, also fast wie bei Wertpapieren an der Börse.

Mein Opa erreichte ein stattliches Alter, meine Oma lebt immer noch.

7

Lass Heide reden! / Idee für einen Dogma-Film über Doping

Es war der Skilangläufer Johann Mühlegg, der mich zu meinem ersten Kurzfilmdrehbuch inspirierte. Mühlegg wie auch Jörg Jaksche, der Radrennfahrer. Von Mühlegg bis Jaksche ist einiges über unsere Leistungsgesellschaft ans Licht geraten, auch der Fall des Tour-de-France-Helden Jan Ulrich, der ebenfalls beim spanischen Arzt Eufemiano Fuentes mit Eigenblut gedopt worden sein soll. Dieser Eufemiano Fuentes ist die Hauptfigur im Film, so eine Art Doktor Frankenstein des Dopings mit seinen Epo-Blutbeuteln.

Der Film spielt im Morgengrauen, aus allen Trophäenschränken der Welt brechen die Goldmedaillen ihrer Besitzer aus und rollen über die Straßen zum 70. Geburtstag des Doktors, ihrem Epo-Vater. Neben den rollenden Goldmedaillen fliegen auch gelbe Trikots heran, die manchmal um die Medaillen herumsausen wie Gespenster. Der Film ist mit Gruselmusik unterlegt nach dem Motto: da kommt noch was.

Als alle eingetroffen sind, erhebt sich der Epo-Vater an der Festtafel und sagt: »Schön Kinder, dass ihr alle gekommen seid!« Zuerst steht die Medaille des berühmten siebenmaligen Tour-de-France-Gewinners Lance Armstrong auf und sagt: »Auf Papa!« Bevor aber irgendjemand Flüssigkeit zu sich nehmen kann, flattert das Siegertrikot der Rundfahrt Paris – Nizza von Jaksche in die Luft und sagt: »Nun ist die Nacht der Wahrheit gekommen, Vater, der ich dich nur noch einmal so nenne, du hast uns betrogen, wir sind nicht die Geschöpfe Gottes, wir sind nur aus deiner Epo-Kiste, du Schuft.«

Harter Moment, wie der Vater-Sohn-Konflikt im Dogma-Film *Das Fest*.

Dann nimmt sich der Epo-Vater das Jaksche-Trikot zur Brust und sagt: »Du Hemd, ich reiß dich in Stücke!«, doch plötzlich kommt die Medaille der früheren Weitspringerin Heide Rosendahl und sagt: »Lass den Jungen los, schon dein Großvater hat uns betrogen! Gestern Anabolika, heute Epo! Wir sind alle nicht natürlich zustandegekommen!«

Die Medaille von Josef Neckermann springt auf: »Was redest du denn da, Heide, du verlogenes Stück Blech?!«

»Lass Heide reden, Josef, sonst reisen wir nur noch mit TUI!«, kreischen die Medaillen der Skirennläuferin Rosi Mittermaier und der Hochspringerin Ulrike Meyfarth. Chaotische Szenen wie in *Einer flog übers Kuckucksnest*.

»Skandal«, kreischt die Rosi-Medaille, »wer ist denn hier noch alles unnatürlich?« – und nun versuchen 5000 Medaillen und gelbe Trikots aus dem Raum zu kommen, inklusive das Trikot von Rudi Altig, genannt die »radelnde Apotheke«.

»Keiner verlässt die Feier!«, brüllt die Heide-Medaille, »Saftladen!!«, und plötzlich kullern die Bundesverdienstkreuze von Dieter Hildebrandt, Siegfried Lenz und Martin Walser in den Saal. Und das Kreuz von Walser hält sofort eine Rede darüber, dass eine Gesellschaft, die Spitzenleistung vergöttert, wohl kaum Bedenken hat, wenn man ihr sagt, wie man mit allen Mitteln Leistung steigert. »Ihr seid das Abbild einer gedopten Gesellschaft!«, endet das Kreuz von Walser seine bedeutende Rede.

»Musst du grad sagen!«, faucht der Epo-Vater, »du hast doch NSDAP genommen, genauso schlimm!«

»Wussten wir aber nicht!«, zischt das Hildebrandt-Kreuz, und dann passiert etwas, womit keiner gerechnet hat.

Die Nobelpreis-Urkunde von Günter Grass rauscht durchs Fenster. »Hallo. Ich war nicht nur in der Waffen-SS, ich war auch bei Doktor Fuentes, wie soll ich's denn sonst so lange in Deutschland als moralische Instanz aushalten? Ende der Durchsage. Euer Günter Grass!«

»Grünes Gras?« Bin ich damit auch schneller, wenn ich sowas einnehme?«, fragt das Rudi-Altig-Trikot.

»Günter Grass! Kennst du mich etwa nicht, du rollende, depperte Apotheke?!«

Plötzlich klatscht ein Blutbeutel von Angela Merkel auf die Festtafel.

Irrer Moment. Stille.

Dann nimmt die Nobelpreis-Urkunde die Mundharmonika, Szene wie in *Spiel mir das Lied vom Tod*.

Tolles Ende.

PS: Damit gewinne ich die Goldene Palme!

8

Eyjafjallajökull! / Über Asche, Naturkatastrophen und deutsches Unverständnis

Lanzarote, im April 2010: »OH, DU NATUR, DU ERDE, DU GROSSE MACHT …«, schreibt der Kommentator der *Bild*, der einzigen Zeitung, die es hier noch gibt.

In dem Hotel, aus dem ich gestern hätte abreisen sollen, klingen die Gespräche aber nicht nach »Oh, du Natur, du Erde …«, sondern so: »Was!?«, schreit ein Urlauber die Frau an der Rezeption an: »NECKERMANN ZAHLT NICHT? WAS KANN ICH DENN FÜR DIESE SCHEISS-ASCHE?!«

Dieser Mann ist außer sich, weil er ab jetzt selbst draufzahlen soll. Ein anderer, der bei Thomas Cook gebucht hat und auch draufzahlen soll, weil er angeblich über Cook Neckermann gebucht hat, schreit dazwischen:

»ICH ZAHLE NICHT, DANN MÜSSEN SIE NECKERMANN DRAUFSCHREIBEN, HIER STEHT ABER COOK!«

»UND WAS IST MIT TUI?«, brüllt ein Bayer, der einen Ordner mit seinem Buchungsvorgang auf die Rezeption knallt.

Eine Frau läuft in der Lobby umher: »Eyjafjallajökull … Eyjafjallajökull …«, spricht sie vor sich hin, was aus ihrem Mund klingt wie Ikea-Möbel.

Am Nachmittag steige ich in den Krater des Vulkans Monte Corona, der angeblich erloschen ist, aber wer weiß das schon genau. Ich setze mich mit meinem Terminkalender auf einen Lavastein. Die Lesung morgen in München werde ich nicht schaffen, bei Air Berlin geht nicht mal jemand ans Telefon. Ich rufe meinen Verlag an und frage, ob wir auch die Lesung am Dienstag in Augsburg absagen müssen.

»Das hängt vom Wind ab. Wenn Dienstag Nordwestwind kommt, dann kommt eine neue Wolke«, heißt es aus dem Verlag.

War mein Leben schon mal vom Wind und von Vulkanwolken abhängig? Wie schön eigentlich, denke ich, meine letzten Lesungen, die ausfielen, waren für den September 2001 geplant, da saß ich in Los Angeles fest, aber damals waren es Terroristen und George W. Bush, jetzt sind es ein Vulkan und der Wind, viel besser.

Am Montagmorgen herrscht zwischen Hotelrezeption und Pauschalurlaubern Krieg, nur die Neckermann-Touristen grinsen, die bekommen plötzlich doch ihr Geld zurück, was die Rezeption so beschäftigt, dass die anderen Touristen ausrasten, weil sie Informationen über ihre Rückflüge haben wollen, die es aber nicht gibt, weder Informationen noch Flüge.

Im Fernsehen wird berichtet, dass es in Deutschland bald keine Rosen mehr gibt, die verwelken jetzt in Kenia und in der Türkei, weil keine Flugzeuge mehr fliegen. Das ist irre, da bricht ein Vulkan in Island aus, und dann gibt es keine Rosen mehr in Deutschland, keinen Fisch, kein Fleisch, nur täglich eine Milliarde Euro Schaden.

Ich fahre ins Timanfaya-Gebiet, wo es brodelnde Magma-Reste gibt. Einheimische braten Hühnchen über Erdlöchern. Ich stecke meine Hand in die Vulkanasche und überlege, ob ich wohl morgen in Augsburg werde lesen können.

»Augsburg, das wird nichts«, teilt der Verlag mit, »höchstens Worms am Mittwoch. Wir warten jetzt, was Oberpfaffenhofen meldet, da startet ein Forschungsflugzeug. Danach entscheidet Verkehrsminister Ramsauer!«

»Auf Ramsauer verlasse ich mich nicht«, antworte ich, »dem sitzt doch Neckermann im Nacken, Cook, die Fleisch-Lobby, die Blumen-Lobby, alle! Wir können meinetwegen Worms auch absagen. Hannover, Braunschweig. Budapest … Warum soll nicht die Natur entscheiden? Ich bleibe hier!«

Danach stecke ich mir eine Handvoll Asche in die Tasche. Im Übrigen bin ich auch der Meinung, dass es das Globale ist, nicht die Vulkane, das uns letzten Endes ruiniert.

9

Herrrrrrrmannstraße? / Über die Globalisierung auf dem Flughafen Schönefeld

Letzte Woche kamen zwanzig finnische Literaten nach Berlin. Am Tag der Anreise der Literaten klingelte mein Handy:

»We are now in Schönefeld, train station. Spandau or Hermannstraße?«

Ich sagte: »No Spandau, no Hermannstraße. Take main station!«

Der Finne sagte: »No main station! Now there is only Hermannstraße. We take Hermannstraße!«

Ich habe mir danach den zukünftigen globalen Großflughafen Berlin mal angeguckt. Wenn man in den jetzigen S-Bahnhof des Flughafens kommt, sieht man erst mal cirka achtzig Berlingäste vor zwei automatischen Fahrkartenschaltern Schlange stehen. Daneben »Snack&Back« mit Hackepeter-Brötchen, gegenüber ein Fotofix-Automat und ein Informationskasten mit »Ersatzpendelverkehr«. An den Aufgängen zu den sechs Gleisen stehen zwei Hinweise, Gleis 3: »RE7 Wünsdorf-Waldstadt«. Gleis 4: »S 45 Hermannstraße«. Sonst nichts.

Oben auf Gleis 4 steht eine italienische Reisegruppe. »Direzione Herrrrrrrmannstraße?«, fragt der eine Italiener. Bei den Finnen klang es ganz anders, die Finnen sprechen bei Doppelbuchstaben den betreffenden Laut zweieinhalb mal länger als wir, »Hermannnnnnnnstraße?«.

Ich schließe mich drei Italienern an, die wieder runterlaufen zum Informationskasten mit »Ersatzpendelverkehr« neben Fotofix. Ein Italiener fragt bei »Snack&Back«: »Hello. Is Herrrrrrrmannstraße Berlin Centro?«, doch die Frau von »Snack&Back« versteht ihn nicht.

Plötzlich steht am Gleisaufgang 3: »Exit/Sortie Senftenberg«. Die Italiener sind euphorisch und wechseln komplett mit der gesamten Reisegruppe Richtung Senftenberg. Mittlerweile stehen ungarische Besucher auf Gleis 4 und rufen in ihr Handy: »Hermaaaaanstraße?!«, die Ungarn gehen eher auf das A, aber ob nun »Hermaaaaanstraße«, »Herrrrrrrmannstraße« oder »Hermannnnnnnnstraße«, diese Straße ist wahrscheinlich auf der ganzen Welt berühmter als Heiligendamm oder Manhattan.

Wenn man sich bei den Berliner Verkehrsbetrieben erkundigt, dann erfährt man, dass die Hauptstadt schon seit Jahren in Schönefeld mit der »Hermannstraße« bzw. »Spandau« als einzige Fahrtrichtungshinweise im S-Bahn-Bereich operiert. Ob es dann nicht im Zuge der Diskussionen um den Großflughafen Berlin nützlich sei, wenigstens mal ein paar weitere Fahrkartenautomaten aufzustellen? Links von »Snack&Back« wäre ja noch Platz? Kein Kommentar.

Eigentlich auch wieder schön. Die Welt globalisiert sich in rasendem Tempo, in Heiligendamm tagte nun die G8 darüber, wie man denn das große Rad des Ganzen ein bisschen zurückdrehen könne, aber in Schönefeld trifft die Welt auf die Hermannstraße und hat keine Ahnung, wie sie in die City kommt.

Die Finnen landeten in Neukölln, die Italiener fuhren nach Exit Senftenberg, die Ungarn starrten abwechselnd auf das Spandau- oder Wünsdorf-Waldstadt-Zeichen.

Dafür, und das wird zumindest die internationale G8-Umweltinitiative freuen, gibt es auf Gleis 3 in Schönefeld – ich schwöre – folgendes Müllsystem: Roter Deckel: Restmüll (residual waste), gelber Deckel: Verpackung (package), grüner Deckel: Glas (glassware), blauer Deckel: Papier (paper). Das alles viermal, insgesamt also auf einem einzigen Gleis sage und schreibe 16 große internationale Mülltonnen! G16! Hauptsache der Müll weiß, wo er hin muss.

UNTERWEGS MIT DER KANZLERIN
(KriseKriseKrise)

1

Die Legende von Ugu, Mabu und Bubu / Unterwegs mit der Kanzlerin

September, 2010

Rückflug vom Millenniumsgipfel in New York.

Angela Merkel bereitet gerade ihre nächste Rede vor. Plötzlich schlimme Ozonwinde aufgrund der Treibhausgase und nicht eingehaltener Emissionswerte.

»Sehr geehrte Frau Bundeskanzlerin, wer bezahlt eigentlich die Regierungsmaschine?«, fragt der Pilot.

»Der Steuerzahler. Wieso?«, fragt Merkel zurück.

»Weil das Ding gleich ins Meer stürzt! Was für ein Scheißwetter!« – »Und was ist mit mir?«, ruft Merkel noch, aber da wird sie schon mit einem Hightech-Tandemfallschirm herausgeschleudert. Sie schwebt mit ihrem Regierungssprecher nicht Richtung Meer, sondern wird vom Ozonwind schräg nach Süden geblasen und landet im Buschland von Maasai Mara.

»Wo sind wir ?«, fragt Merkel.

»Im Wald«, antwortet der Regierungssprecher.

Fünf Stunden später hat die Bundeskanzlerin Hunger. »Fang mal was«, sagt sie.

Der Regierungssprecher wirft mit Merkels Terminkalender nach einem Gecko, trifft aber nicht.

Zehn Stunden später kommt ein Buschmann vorbei. »Haben Sie etwas zu essen?«, fragt der Regierungssprecher.

»Leider nein«, sagt der Buschmann.

Zwanzig Stunden später kommt der Weise des nächsten Dorfes vorbei. »Na nu«, sagt er. »Die deutsche Bundeskanzlerin.«

»Na, endlich mal jemand Schlaues!«, ruft Merkel. »Wir sind hier zufällig auf Staatsbesuch und kommen vom Millenniumsgipfel der Vereinten Nationen.«

»Haben Sie Hunger?«, fragt der Weise.

»Oh, ja«, antwortet die Kanzlerin ganz erfreut.

»Wir schenken Ihnen unseren letzten gebratenen Maiskolben, wenn Sie uns erklären, warum Sie nur 0,35 Prozent des Bruttoinlandsproduktes als Entwicklungshilfe weitergeben, wo doch Dänemark, Luxemburg, Holland, Norwegen und andere schon mehr als 0,7 Prozent ihres BIP abgeben?«

»Meine Güte, ist der aber informiert!«, flüstert der Regierungssprecher.

»Was soll ich denn jetzt sagen?«, flüstert die Kanzlerin zurück. »Ich habe mich in New York auf unseren Sitz im UN-Sicherheitsrat konzentriert und nicht auf Entwicklungshilfe. Wo ist der zuständige Minister Niebel??«

»Vom Winde verweht«, bemerkt der Regierungssprecher.

»Also, wir haben auch Probleme in Deutschland«, sagt die Kanzlerin. »Wir mussten mit Milliarden Euro Banken retten!«

»Dann ist es besser, Banken zu retten als Menschen?«, fragt der Dorfweise.

»Oh, da muss ich Ihnen nun ein Wort zur Globalisierung sagen: Wer die Banken rettet, rettet die Menschheit!«, antwortet die Kanzlerin.

»Das verstehe ich nicht«, sagt der Dorfweise.

»Erklären Sie's ihm«, sagt Merkel zum Regierungssprecher, der nun eine kurze Zeit nachdenkt, um seine Kanzlerin mit einer schlauen Parabel zu begeistern.

»Es waren einmal Ugu, Bubu und Mabu. Ugu leiht Bubu Geld. Bubu leiht es Mabu. Bubu verkauft Mabus Schulden an Ugu. Ugu versteckt sie in einem hochverzinsten Wertpapier und verkauft sie zurück an Bubu. Mabu hat von dem Geld von Bubu eine Baumwollplantage gekauft. Es brennt. Es hagelt. Mabu geht pleite. Bubu geht pleite. Ugu auch.«

»Sehr interessant«, sagt die Kanzlerin, »aber was ich immer noch nicht kapiere: Ugu, Mabu und Bubu sind ja in Wirklichkeit Banken, und wenn die am Ende pleite gehen, wieso gibt's dann immer noch Boni?«

Der Weise ist spätestens bei den hochverzinsten Wertpapieren entsetzt weggelaufen.

Drei Tage später liegt der Regierungssprecher im Delirium und träumt von Mainz, wo er herkommt.

Merkel ist auf den größten Buschbaum geklettert und brüllt und brüllt: »Warum gibt es BONI?? WARUM GIBT'S DENN BONI?!!? UND WO IST DER MAISKOLBEN?!?!«

Keine Antwort.

2

Die Hunde von Santorini / Achill, Ariadne, Elektra, Diogenes, Hektor, Kassandra, Europa

August, 2010

Zum ersten Mal in meinem Leben wollte ich etwas gegen die Krise und für die EU tun und bin in den Urlaub nach Griechenland gefahren.

Santorini!

Sehr schöne Insel, nur sieht man dort wirklich nicht, dass Griechenland pleite ist. In Oia, dem schönsten Ort der Insel, sind hinter den Häuserfronten der Restaurants und Souvenirshops weiß strahlende Luxusvillen in den Kraterrand hineingebaut, mit Pools, die in das Meer und in den Himmel überzugehen scheinen und in denen offenbar das gesamte an der griechischen Steuer vorbeigebrachte Geld schwimmt. Da kann ich noch so viel griechischen Bauernsalat essen, um meinen persönlichen EU-Schutzschirm aufzuspannen, es fällt gar nicht ins Gewicht.

Der eine Abend in Athen, bevor es nach Santorini ging, war ganz anders, da habe ich griechische Bürger auf einer Theaterbühne gesehen, die von der Krise erzählten: Angestellte, Arbeitslose, Studenten, Immigranten, insgesamt 103 Athener trugen in einem Projekt der deutschen Theatergruppe Rimini-Protokoll persönliche Monologe vor, die alle von dem Prometheus-Drama von Aischylos inspiriert worden waren. »Unser Land wird verbrennen, es wird ein Feuer kommen, eine Explosion«, sagte eine Athenerin am Schluss auf der Bühne.

Danach bin ich mit dem Schiff nach Santorini gefahren.

Am ersten Morgen sind mir beim Joggen elf Hunde hinterhergelaufen, am zweiten Morgen waren es schon 27. Rimini-Protokoll hat richtige Athener, ich habe die Hunde von Santorini. Wenn man die Krise in Santorini auf die Bühne bringen wollte, müsste man ein Stück mit den verwahrlosten Straßenhunden machen.

Manche erkannte ich abends beim Essen wieder, als sie vor den Restaurants saßen und auf Essensreste warteten. Den einen Schwarzen mit den verzottelten Haaren, die ihm in die traurigen Augen fielen, nannte ich Diogenes nach dem Philosophen in der Tonne, dem man aufgrund seines Bettlerlebens den Beinamen Kyon (Hund) gab und dessen Vater ein Bankier und Falschmünzer war.

Einen anderen, kleineren, der die ganze Zeit sein graues, verdrecktes Fell leckte, nannte ich Lysistrata. Es gab auch noch andere Santorini-Hunde: Achill, Ariadne, Elektra, Europa, Hektor, Kassandra, Menelaos oder Tantalos, einst König von Lydien, der mit den Göttern speiste und nun Hunger und Durst erleiden musste, aber eigentlich müsste man die Santorini-Hunde alle Diogenes 1 bis 100 nennen, weil sie sich alle sehr ähnlich sehen in ihrem Bettlertum.

Am dritten Tag habe ich angefangen, verstohlen Lammknochen über die Veranda der Restaurants zu werfen und mich über die Franzosen geärgert, die ihre Teller immer mit den gesamten Knochen wieder abräumen ließen. Mittlerweile bestellte ich in aller Offenheit ganze Souflaki-Spieße und warf sie meiner Diogenes-Company über die Veranda zu.

Am nächsten Tag passierte etwas Seltsames. Als ich gerade wieder etwas über die Veranda warf, sah mich plötzlich Gregor Gysi von unten an, so als ob ich ihm den Souflaki-Spieß zugeworfen hätte.

»Nanu, Sie hier?«, sagte ich.

»Ich muss ja auch mal Urlaub machen«, antwortete Gysi und verschwand im Abendrot.

Später landete ein Hubschrauber in Oia, und ich dachte, vielleicht hat das etwas mit Gregor Gysi zu tun. Vielleicht, dachte ich, hat Gysi das griechische Finanzamt einfliegen lassen, um hier mal so richtig die Pools auszuheben, ein richtiger Linker muss so etwas tun, auch wenn er Urlaub macht.

Als der Hubschrauber wieder startete, über dem Meer abdrehte und nach Norden flog, bekam ich Angst, in ein paar Tagen meine Hunde zu verlassen. Ich hoffte, es würde ein milder, freundlicher Winter kommen.

3

Dann schon lieber Angola! / Eine Mail der Kanzlerin aus Luanda

Juli, 2011

Lieber Wolfgang Schäuble,

ich sitze im Palast von Staatschef Santos in Luanda, Angola, und mache mir Gedanken über die Euro-Krise. Erst Griechenland, dann Irland, dann Portugal und jetzt auch noch Spanien und Italien? Kann der deutsche Steuerzahler das überhaupt noch schaffen?

Ich eile von Rettungsgipfel zu Rettungsgipfel und schnüre Rettungspaket um Rettungspaket, aber ich frage mich immer mehr, was das noch soll, abgesehen davon, dass ja auch die Rettungsgipfel bezahlt werden müssen. Monsieur Trichet von der EZB hat mir kürzlich am Telefon versichert: »Frau Merkel, Griechenland ist bis September gerettet!« »Schön«, habe ich gesagt, »dann mache ich mal Urlaub!« Und nun? Sollen wir in den Sommerferien Pakete für Italien schnüren und ab September wieder für Griechenland?

Herr Schäuble, stimmt es denn, dass die ganzen Rettungsmilliarden, die wir nach Griechenland überweisen, wieder in Frankfurt landen? Bei der EZB? Auch bei der Deutschen Bank und der Commerzbank? Der nette Grieche bei mir um die Ecke am Kupfergraben in Berlin-Mitte hat gesagt: »Die Geld, die du meine Land gibst, kriegt alles Bank!« »Nein, nein«, habe ich geantwortet, »das kriegt alles dein Land, das hat doch sonst keinen Sinn.« »Nein, Bank!«, hat er wieder gesagt. »Ich bin Neffe von Petros Christodoulou!« Petros Christodoulou, den kannte ich gar nicht, das ist der Mann vom griechischen Schuldenbüro!

Wieso, lieber Schäuble, weiß mein Souflaki-Koch besser Bescheid als ich? Weil wir nur mit Bankern reden? Weil wir uns nur von Bankern beraten lassen? Da laden wir Ackermann & Friends ins Kanzleramt zum Spargelessen ein, ich hab deshalb noch jahrelang Ärger mit dem Verwaltungsgericht, aber am Ende erzählt mir so ein Christodulululu-Neffe, dass sein Onkel unsere Rettungsmilliarden wieder nach Frankfurt zurücküberweist?!

Ich sitze hier in Angola und werde langsam verrückt. Eben habe ich mir den Weg des Rettungsgeldes mit einem Filzstift auf den Marmor von Präsident Santos gemalt. Also: Wir überweisen das Geld an die EZB, die überweist es an die griechische Zentralbank, die es dann ans griechische Finanzministerium überweist, wo dieser Onkel vom Neffen arbeitet. So weit okay. Aber dann überweist der Onkel das Geld wieder an die Deutsche Bank, die Commerzbank, sogar an die Hypo Real Estate und an die EZB, weil die alle Staatsanleihen haben, für die sich die Griechen mit den Zinsen dumm und dämlich zahlen?!?

Das hier mit dem Filzstift auf dem Marmor ist jetzt eine Sauerei, aber das in Frankfurt ist eine richtige Obersauerei! Und dass ich das, ausgerechnet in Angola, endlich verstehe! Hier in Angola herrscht offene Korruption, jeder weiß das. Es ist eine sichtbare Korruption. Unser ganzes Finanzwesen hingegen ist eine einzige unsichtbare Korruption! Dann lieber Angola, Schäuble!

Und bei uns in Europa sagt jeder etwas anderes: Diese irren Rating-Agenturen stufen ständig die Länder rauf und runter, »Ba«, »Ba2«, »Aa2«, »Caa«, das versteht doch kein Mensch! Fitch sagt so, Moody's sagt so, die EU-Kommission sagt dies, die Bundesbank sagt das, die EZB, diese Zockerbude, sagt jenes – und Sarkozy und Sie, Schäuble, Sie quatschen auch immer dazwischen!

So! Da bleibt mir nun gar nichts anderes mehr übrig, als jetzt mit Angela, quatsch, Angola Waffengeschäfte anzuschieben. Irgendwo muss das Geld ja herkommen.

Beste Grüße, die Bundeskanzlerin

4

Noch ein stilles Wasser bitte! / Über die Zukunft Europas im Bord-Bistro

Oktober, 2011

Ich habe die Angewohnheit, in der Bahn durch die 1. Klasse zu laufen, mir an den Zeitungsauslagen die Tagespresse zu klauen, was ich aufgrund der ständigen Verspätungen vollkommen berechtigt finde, und manchmal setze ich mich neben einen Geschäftsmann, um dessen Sozialverhalten zu studieren. Worum geht es in seinem Telefonat? Wie behandelt er seine Mitarbeiter? Tritt er nach unten, kuscht er nach oben? Hat er ein Verhältnis mit seiner Sekretärin? Das sind so Fragen, die ich mir stelle, aber meistens rege ich mich darüber auf, in welcher Lautstärke telefoniert wird.

Ich könnte natürlich einfach wieder zurück in die 2. Klasse, wo mich die reisenden Rentnerinnen mit ihren raschelnden Provianttüten in den Wahnsinn treiben, denn meine Bose-Kopfhörer mit der »Acoustic-Noise-Cancelling«-Funktion canceln leider keine raschelnden Provianttüten oder kreischende Säuglinge, die bestimmt auch unter der Verspätung leiden. Dann doch lieber die geschäftigen Lauttelefonierer. Andere gehen zum Fußball oder Eishockey, um sich abzureagieren, ich gehe in die 1. Klasse/Bahncomfort.

Letzte Woche setzte sich ein stattlicher Mann an meinen Speisewagentisch; das Bord-Bistro ist für mich so eine Art Waffenstillstandszone zwischen dem Lauttelefonieren und dem Raschelhorror der Provianttüten. Zwar telefonierte der Mann auch, aber er sagte immer nur dezent »Hm«, »Oh je«, einmal sogar »Tut mir sehr leid«.

Ich dachte zuerst, er spricht mit jemandem, der einen Trauerfall zu beklagen hat, doch dann sagte er »FDP«, »CDU«, und mir wurde klar: Er führt ein Gespräch über unsere Regierungskoalition.

Er legte auf, machte sich mit ernster Miene ein paar Notizen auf eine Zeitung, derer er ungefähr zehn auf dem Tisch gestapelt hatte. Als sein Telefon wieder leise läutete und er nur diskret »Guten Tag, Herr Schäuble« sagte, schaltete ich sogar meine Acoustic-Noise-Cancelling-Funktion aus, der Mann hatte den Finanzminister am Apparat!

Es war eindeutig Schäubles Stimme, dieser badische, leicht schrille, jakobinische Tonfall. Einmal hörte ich Schäuble »Rößßßler!« sagen, dann »Richtlinienkompetenz!«, ich war mittlerweile ganz Ohr, wie man so schön sagt. Vielleicht erführe ich im Bord-Bistro als einer der ersten, dass unsere Regierung endlich zusammenbricht?

Der Ober kam und sagte, dass es »Alfons Schubecks Kartoffeleintopf« nicht mehr gebe, und ob ich denn ein anderes »Aktionsgericht aus der Küche von Alfons Schubeck« wolle?

»PSST!«, sagte ich, denn gleich nach dem »Alfons-Schubeck«-Satz des Obers hatte ich von Schäuble das Wort »Rettungsschirm« gehört. Rettungsschirm! Jetzt ging es hier im Bord-Bistro um Europa! Scheitert der Euro, wenn Griechenland pleitegeht? Scheitert Europa, wenn der Euro scheitert? Oder scheitert nur die Regierungskoalition? Am liebsten hätte ich das Handy des Mannes genommen, um Schäuble selbst zu fragen.

»Hm«, machte der Mann mir gegenüber, »123 oder 211 Milliarden?«, fragte er leise.

123 oder 211 Milliarden? – mein Gott, diese Zahlen, diese Summen! Und wem werden die denn am Ende in Wahrheit überwiesen? »Die Märkte«, hörte ich Schäuble in schrillem, fast mahnendem Ton durchs Telefon rufen, »die Märkte!«

»Wollen Sie wenigstens was trinken?«, fragte der Ober.

»Nur noch ein stilles Wasser bitte«, antwortete ich und starrte auf das Handy, aus dem Schäubles Stimme drang, wie auf die berühmten Sirenen, die in der griechischen Mythologie die Seefahrer anlocken, um sie zu töten.

5

Das Prosawerk meines Finanzberaters / Über die Sehnsucht nach einer lutherischen Moralkeule

September, 2012

Mein Finanzberater ist Exbanker, er hat sich schon vor Jahren selbstständig gemacht und auf Künstler spezialisiert, die in der Regel mehr von Kunst verstehen als von Finanzen. Quer durch die Republik sprach sich herum, dass es jetzt einen Berater gebe, der bei einer großen Bank gekündigt habe, um Künstler zu beraten und sogar deren Lesungen und Aufführungen besuche.

In der Beratung fragte er, an welchem Werk man gerade arbeite; »Prosa oder Lyrik?« war eine seiner Lieblingsfragen, und die Theaterleute überzeugte er, indem er fragte: »Was probieren Sie gerade?« Er sagte nicht proben, sondern *probieren,* denn die Theaterleute pflegen *probieren* zu sagen. Also sprach man erst darüber, wie man Shakespeare oder Ibsen probierte, wobei der Berater interessiert die Augenbrauen bewegte, und dann war man bei der Basis- oder Riester-Rente. Der Berater verkaufte den Künstlern auch Schiffs-, Wind- oder die vertrauenerweckenden Film-Fonds, wegen der Steuerersparnis.

Nach der ersten Finanzkrise warb er für speziell ausgesuchte Aktien, und als wieder alles abstürzte, sprach man mit ihm über Gold, Baumplantagen, Kakao und Industriemetalle. Wenn man ihn fragte, warum denn die Rendite bei den Schiffs-, Wind- und Film-Fonds bei ungefähr minus 95 Prozent liege, sagte er, dass der Wind nicht mehr so gut wehe und die Schiffe wegen der allgemeinen Lage nicht mehr über die Meere führen, aber immerhin sei doch der Bundespräsident über den Vermögensverwalter des Fonds, Herrn Groenewold, gestürzt.

Bevor ich darüber nachdenken konnte, ob mein Berater damit ernsthaft meinte, dass der Sturz des Bundespräsidenten doch eine gute Rendite sei, und ob dieser Groenewold die Rechnungen für Familie Wulff auf Sylt vielleicht mit meinen Einzahlungen in den Film-Fonds beglichen hatte, klagte der Berater über die Rürup-Rente, die er einem vor noch nicht mal einem Jahr verkauft hatte. Er sprach jetzt von der Inflation von 1923, von den Gefahren durch die EZB und davon, dass man Schweizer Franken kaufen müsse, und wenn man sagte, dass man dafür kein Geld mehr habe, sagte er, dass das gar nicht schlimm sei, man könne es sich ja leihen, das Geld sei dank der EZB historisch billig, außerdem würde er eng mit einer Bank zusammenarbeiten, die würde einem auch noch Geld für die »Substanzrente« geben, Immobilien mit Absicherung gegen »Mietnomaden«.

Waren nicht einige Künstlerfreunde mittlerweile pleite und nicht mehr in der Lage, ihre Miete zu zahlen, also kurz davor, selbst »Mietnomaden« zu werden? Und jetzt also »Substanzrente mit Absicherung gegen Mietnomaden«?

Kürzlich war ich von der Evangelischen Kirche zu einer Diskussion eingeladen, und ich wurde gefragt, was ich von Luther und 500 Jahre Reformation erwartete.

Ich wusste nicht, was ich auf so eine komplexe Frage antworten sollte, stellte mir aber Luther mit meinem Finanzberater vor. Luther, der die klare Sprache liebte; der den Schwindel mit den Ablassbriefen aufdeckte – und dem verkauft jetzt mein Berater Groenewolds Film-Fonds!

Luther würde explodieren. Ich sagte also, ich würde erwarten, dass, wenn uns schon nicht Gott oder die Politik vor diesen Finanzmenschen bewahrte, dies dann doch wenigstens die Kirche mache mit einer zerschmetternden lutherischen Moralkeule!

Danach erklärte mir eine Diskussionsteilnehmerin, Richterin am Bundesverfassungsgericht, dass das alles Unfug sei, Luther hätte so etwas nie getan.

»Aber wer denn sonst?«, wollte ich noch fragen, aber da sprach man auf dem Podium schon über Religion und Toleranz.

Seitdem weiß ich: Mit der Finanzkrise und mit unseren Finanzberatern sind wir ganz allein. Da hilft uns nicht mal das höchste Gericht. Der Rest ist Lyrik.

6

Wie ich dem Finanzminister Euros verschaffte / Über Wertschöpfung in unserer Gesellschaft

April, 2013

Im Staatstheater Kassel stand ich an der Garderobe hinter einem ehemaligen Finanzminister.

»Könnten Sie mir bitte zwei einzelne Eurostücke für die Parkuhr herausgeben?«, fragte Hans Eichel die Garderobiere freundlich.

»Zwei einzelne Eurostücke kann ich nicht herausgeben, dann habe ich keine mehr«, antwortete sie, worauf ich dem Exfinanzminister von hinten auf die Schulter tippte und sagte: »Herr Eichel, ich mache das, mit dem größten Vergnügen!«

Ich war ganz außer mir. Ich, der Schriftsteller, dessen neues Stück dem Publikum und auch Herrn Eichel gerade dargeboten worden war, überreichte dem Finanzminister – ob ex oder nicht, ist ganz egal – zwei einzelne Eurostücke, ohne dafür im Tausch ein Zweieurostück annehmen zu wollen.

»Wissen Sie, Herr Eichel«, sagte ich, »heute Abend habe ich an Ihrer Theaterkarte, falls Sie sie bezahlt haben sollten, ungefähr zwei Euro Tantieme verdient, dafür bekommen Sie die Garderobe von mir, wie finden Sie das?«

»Sehr charmant, aber das kann ich eigentlich nicht annehmen«, antwortete Eichel.

»Doch, doch, ich bestehe darauf!«, entgegnete ich.

Eichel drückte mir die Hand, dankte für das Theaterstück und die Garderobe und ging in die Kasseler Nacht zur Parkuhr.

Später im Hotel ging mir die Szene nicht aus dem Kopf: Der Finanzminister war an der Garderobe in eine Art Eurokrise geraten, und ich hatte sie gelöst, im Staatstheater – wenn das keine Symbolik hatte! Ein Banker oder ein Hedgefonds-Manager hätten das nie gemacht. Im Gegenteil, sie hätten dem Finanzminister alle seine Euros abgenommen und gesagt: »Wenn Sie mir nicht sofort das Geld geben, bricht alles zusammen: das System, der Staat, Europa, auch dieses Staatstheater!«

Ich lag im Hotelbett und dachte darüber nach, welchen Gegenwert eigentlich Banken oder Hedgefonds-Manager unserer Gesellschaft dafür geben, dass wir ihnen ständig billiges Geld beschaffen, weil sonst angeblich das System zusammenbricht. Und warum jene, denen wir das Geld beschaffen, Boni beziehen.

Irgendwie hatte ich das Gefühl, der Finanzminister läge neben mir im Bett, und ich würde ihn all das fragen. »Ich habe nichts gegen Banken an sich, Herr Minister«, hörte ich mich sagen, »aber der Sinn von Banken war doch einmal, dass sie die Realwirtschaft mit Geld und Krediten versorgen und nicht, dass die Ärmeren die Banken retten?«

Ich lag im Bett und hörte mich laut und deutlich »Realwirtschaft« sagen. Realwirtschaft ist für mich, wenn ich zwei Euro Tantieme verdiene, weil der Finanzminister eine von öffentlicher Hand subventionierte Theaterkarte gekauft hat, und am Ende gebe ich diese zwei Euro einem Mann, der sie dringend für die Parkuhr braucht. Das nennt man WERTSCHÖPFUNGSKETTE!

Banker, Hedgefonds-Manager, Finanzmarktakteure – sie können so viel Geld verdienen, wie sie wollen, wenn sie nur Wertschöpfungsketten schaffen würden, so wie eine Kindergärtnerin, ein Lehrer, eine Krankenschwester, ein Künstler oder meinetwegen sogar ein Sportler, denn ich erfreue mich ja daran, wie Schweinsteiger oder Dante spielen.

Ich rief nun wirklich im Bett »Dante!«, »Realwirtschaft!« und mehrmals »WERTSCHÖPFUNGSKETTEN«.

Ein paar Tage später las ich, dass sich Hans Eichel zu Wort gemeldet hatte. Er forderte, dass Banken, die ihren Auftrag aus den Augen verloren hätten und stattdessen den Interbankenzins manipulierten, Hypothekengeschäfte machten, mit Emissionszertifikaten betrögen oder Vermögenden den Weg in Steueroasen ebneten –, dass diesen Banken die Lizenz entzogen werden sollte.

Mich hat diese Äußerung sehr gefreut. Und ich bilde mir ein, dass es einen kleinen Zusammenhang mit der Begegnung an der Garderobe gibt.

7

Mit der Krise vorm Kanzleramt im Schnee / Über eine besondere Sucht

Dezember, 2012

Diese Szene spielt gleich hinter dem Kanzleramt, im Haus der Kulturen der Welt, da war ich bei der Konferenz »Bonds«, das ist keine Konferenz über James-Bond-Filme, sondern über Schulden.

»Vielleicht bist du der Krise verfallen«, sagte meine tschechische Freundin. »Du bist süchtig nach der Euro-Krise.«

»Wie kann man denn nach diesem Desaster süchtig sein?«, antwortete ich. »Ich will das alles nur verstehen.«

Wir standen gerade in der Buchhandlung des Hauses der Kulturen der Welt, ich wollte das Buch mit dem Titel »Verbranntes Geld« eines italienischen Ökonomen kaufen, dazu: »Kalkül und Leidenschaft: Poetik des ökonomischen Menschen« und »Die Ökonomie von Gut und Böse«.

»Die Ökonomie von Gut und Böse kann ich dir leihen, das habe ich auch«, sagte die Freundin, die zufällig mit dem Autor des Buches befreundet ist und mir erzählte, dass Tomás sich seine genialen Einfälle immer beim Autofahren mit Kugelschreiber auf Arm und Beine schreibe.

»Die Ökonomie von Gut und Böse möchte ich lieber selbst haben«, sagte ich. »Außerdem ist es für deinen Freund doch gut, wenn ich sein Buch kaufe, dann kann er sich ein Diktiergerät davon kaufen, es ist nämlich gefährlich, beim Autofahren geniale Einfälle auf Körperteile zu schreiben.

»Das ist doch nur eine Ausrede«, sagte sie. »Tomás ist Chefökonom der größten tschechischen Bank, der hat Diktiergeräte.«

»Ist mir egal, ich kaufe *Die Ökonomie von Gut und Böse,* basta!«, erklärte ich. Aber vielleicht hat die Freundin recht, ich habe schon ungefähr zehn Bücher über das Wesen des Kasino-Kapitalismus, dazu die Titel: »Die Unersättlichen. Ein Goldman-Sachs-Banker rechnet ab«; »Die Unfehlbaren. Wie Banker und Politiker nach der Lehman-Pleite darum kämpften, das Finanzsystem zu retten – und sich selbst«; »Raubeinkapitalismus. Finanzkrise, wohin führst du uns?«; »Der Billionenpoker: Wie Banken und Staaten die Welt mit Geld überschwemmen – und uns arm machen«; »Der größte Trade aller Zeiten. Wie Hedgefonds-Superstar John Paulson in der Finanzkrise Milliarden verdiente«, dieses Buch war ganz besonders teuer.

»Hast du eigentlich deine ganzen anderen Krisenbücher schon ausgelesen?«, fragte sie.

»Bald«, antwortete ich, aber offen gestanden habe ich noch kein einziges dieser Bücher überhaupt angefangen, ich weiß auch nicht, ich kaufe ständig Krisenbücher, aber wenn ich eines der Bücher zu lesen beginnen will, denke ich, das wirst du eh nicht verstehen, die Krise ist zu komplex, kauf lieber ein einfacheres. Ich habe schon griffigere Titel wie »Stoppt das Euro-Desaster!« oder »Zerschlagt die Banken« gekauft, aber auch nicht gelesen, weil ich in dem Moment, wo ich sie zu lesen beginnen will, plötzlich denke, Bücher mit Titeln wie »Rettet unser Geld!« oder »Alles Geld verdampft« sind geschrieben worden, um Geld mit der Krise zu machen, ich lese sie aus Protest nicht, obwohl es idiotisch ist, denn ich habe sie ja schon gekauft. Ich kaufe dann also lieber noch seriöser klingende Bücher wie »Von der Subprime-Krise zur Finanzkrise. Immobilienblase: Ursachen, Auswirkungen, Handlungsempfehlungen« oder »Finanzkrisen: Mythos und Wahrheit, Anatomie und Geschichte« (extrem teuer), das ich gewiss bald zu lesen beginne.

»Weißt du was?«, sagte meine Freundin, »du bist wie die Politiker, die sind auch süchtig nach der Krise. Sie versuchen ständig, der Krise Herr zu werden und so zu tun, als hätten sie die Krise im Griff, aber sie werden in Wahrheit von ihr beherrscht. Sie bekämpfen die Schuldenberge mit immer größeren Schuldenbergen, so wie du auf deine Krisenbücher immer neue Krisenbücher türmst!«

Als ich im Auto saß, lag auf dem Beifahrersitz noch das Buch, das ich am Tag zuvor gekauft hatte: »Die Finanzkrise aus internationaler und österreichischer Sicht.«

Ich empfand nun, dass es so nicht weitergehen könne. Die Krise aus österreichischer Sicht? Geht's noch?! Wie süchtig muss man sein, um auch noch Krisenbücher aus österreichischer Sicht auf die anderen Krisenbücher zu türmen?

Ich fuhr am Kanzleramt vorbei und rief aus dem Fenster: »Nun ist aber mal Schluss!« Dann hielt ich an und warf »Die Ökonomie von Gut und Böse« über den Zaun in den Schnee.

FANATIKER DES AUGENBLICKS
(Alles über Bewusstseinsbulimie)

1

Die Tyrannei des Augenblicks / Über unsere verlorene Zeit

Juli, 2011

Kann sich noch jemand an Adolf Sauerland aus Duisburg erinnern? Regiert er weiter? Ist er zurückgetreten, lebt er eigentlich noch? Und Georg Funke? Wer ist Funke? Und wo sind die Milliarden Steuergelder für die Pleitebank Hypo Real Estate hin? Hat sie jetzt etwa die FIFA? Und wo ist das Dioxin in den Eiern hin? Ist es weg? Ist es durch Ehec weg? Und der Missbrauch in der katholischen Kirche? Auch weg durch Kachelmann? Mubarak? Mubarak weg, Demokratie da? Hat Ägypten also in zehn Tagen die

Demokratie bekommen, damals auf dem Tahrir-Platz? Und die neue Verfassung regeln jetzt locker die Armeegeneräle? Und Libyen? Syrien? Griechenland, Irland, Portugal, Italien? Europa? Und die Lage in Japan? Haiti?? Ich glaube, wir haben keine Ahnung ...

Bei meinen Fußballfreunden ist die Bundesliga-Konferenzschaltung schwer in Verruf geraten: Ständig werde von einem Tor zum nächsten geschaltet, man könne die Entwicklung eines Spiels gar nicht mehr »lesen« und analysieren. Alles sei zerfahren, zerhackt, ein Spiel habe überhaupt keine Geschichte mehr: »TOOOR in Abbottabad. OSAMA BIN LADEN in einer Blitz-Aktion erschossen, Washington jubelt!« Angela Merkel kann gerade noch in Berlin sagen: Oh, sie freue sich, dass es gelungen sei, bin Laden zu töten, dann wird umgeschaltet: »TOOOR in New York! Sofitel, Suite 2806, 12 Uhr, Housekeeping, schwarzes Zimmermädchen! STRAUSS-KAHN läuft nackt aus dem Badezimmer. Paris bebt, der Euro zittert!«

Eigentlich war Strauss-Kahn auf dem Weg nach Berlin zu Angela Merkel, und man hätte sich gewünscht, dass ihr vielleicht einmal ein Sozialist erklärt, warum solche Sätze über bin Laden eigentlich nicht gehen, aber der ungeheure Satz der Kanzlerin hat sich schon versendet und Strauss-Kahn eigentlich auch. »TOOOR in Spanien, es waren die GURKEN aus Málaga!« Also redet das ganze Land jetzt über Gurken, nachdem es kurz davor nur über WESTERWELLE geredet hat.

In einem Restaurant in Köln sitze ich neben Julia Albrecht und Corinna Ponto, die zusammen das Buch »Patentöchter. Im Schatten der RAF« geschrieben haben. Albrecht bekommt einen Salat. »Wollen Sie mich umbringen? Da sind ja Gurken drin, bestimmt aus Spanien!«, ruft sie der Kellnerin nach, doch Ponto beruhigt sie: »Schuld sind die BIOSPROSSEN aus Uelzen. Gurken können wir jetzt wieder essen.« Kein Wort mehr über die RAF, es geht nur noch um die BIOSPROSSEN.

Bewusstseinstechnisch können wir also auch wieder Eier essen, Rind, Geflügel, Fischstäbchen, Nudeln, Babynahrung. Es ist immer der nächste Skandal, der den vorherigen aus dem Bewusstsein schiebt: Dioxin? Nitrofen? Acrylamid, Glykol, Pestizide? BSE, H1N1, Vogelgrippe? Gammelfleisch, Fischwürmer, Mäusekot? Alles verschwunden und vorbei, und wahrscheinlich kann man bald auch schon wieder getrost Gemüse aus Fukushima vertilgen, wenn aus unserem Bewusstsein die japanische Strahlung verschwunden ist. Dafür sorgen jetzt die BIOSPROSSEN. Davor war Bioethanol, Autokillerbenzin E10, Stuttgart 21, Steuersenkung: JA. Abschaffung der Wehrpflicht. Abschaffung Deutschlands, Sarrazin ... Und dann Guttenberg, Guttenberg ... Und Mubarak. Und Steuersenkung: NEIN! Tsunami! GAU! Prinz William! Pippa! PID! Peking und Ai Weiwei! Gunter Sachs und Steuersenkung jetzt wieder: JA! Kretschmann oder Kachelmann. Oder ALLES umgekehrt ...

Genauso ist es mit den Konferenzschaltungen: Das nächste Tor ist immer das interessanteste. Wie es gefallen ist? Warum es gefallen ist? Und vor allem: Wie sich das Spiel danach in Uelzen, Japan, New York, Tunesien, Ägypten, Libyen, Stuttgart oder Syrien oder auch im Iran entwickeln wird? Ausblenden, sofort weiterschalten!

Wie war das in anderen Jahrhunderten? »Jungfrau besiegt England«, »Reformator in Prag aus Fenster geworfen«, »Buchdruck erfunden«, »Kolumbus gelandet«, »Beben in Konstantinopel«, »Mönch nagelt Thesen an Tür«, »Leonardo da Vinci tot«, »Erde ist rund«; das waren die Schlagzeilen des 15. und 16. Jahrhunderts ohne Massenmedien, nur haben wir heute adrenalinkickende Schlagzeilen nicht über zwei Jahrhunderte verteilt, sondern innerhalb einer Woche! Aber werden sich in 400 Jahren die Schlagzeilen: »Kachelmann freigesprochen!«, »Strauss-Kahn verhaftet!«, »FIFA korrupt!«, »Westerwelle tritt ab!« oder »Guttenberg schreibt Doktorarbeit ab!« irgendwo finden lassen?

News dieser Art hatte bestimmt auch das 16. Jahrhundert, aber sie haben sich nicht so groß herumgesprochen wie in unserem globalen Dorf. Was jedoch, wenn plötzlich wichtige Nachrichten wie »Revolution in Nordafrika« oder »AtomGAU in Japan« neben den Kachelmanns und Westerwelles stehen? Konkurrieren sie dann in einem System von Nachrichten, das nicht mehr zwischen Substanz und Klatsch unterscheiden kann? Ist in der Wahrnehmung dann letztlich alles gleichwertig: Guttenberg und Gaddafi, Kachelmann und bin Laden, Biosprossen und Fukushima?

Man muss das gar nicht verurteilen, sondern vielleicht nur feststellen, dass sich daraus ein anderer Umgang mit Wirklichkeit ergibt. Die Gegenwart wird zerlegt, in lauter adrenalinkickende Sequenzen, in Ereignis- und Erlebnisfolgen, die wir, wie die Soziologen Thomas Eriksen und Hartmut Rosa meinen, als »Tyrannei des Augenblicks« beschreiben könnten. Bei Eriksen bedeutet diese Tyrannei, dass uns die rasende Überinformation ratloser und uninformierter werden lässt. Aber gegen diese Tyrannei könnten wir uns ja theoretisch noch wehren. Wir könnten sagen: Die Ereignisse werden mir eins nach dem anderen wie Konsumgüter verkauft, aber da mache ich nicht mehr mit, also schalte ich aus.

Was aber, wenn sich diese Tyrannei mittlerweile auf ein ganzes politisches System anwenden lässt?

Vor Kurzem noch galt für die Bundesregierung die Atomkraft als die einzig sichere und verantwortbare Energiequelle. Nach Fukushima waren dann die deutschen Atomkraftwerke innerhalb von drei Tagen plötzlich doch irgendwie unsicher, und es wurde der Ausstieg aus dem Ausstieg aus dem Ausstieg beschlossen. Merkel in einem Interview vom 12. Mai: »Einen Ausstieg mit Augenmaß zu schaffen, ist die große Herausforderung im Augenblick.« Augenmaß im Augenblick?

Eine ähnliche Tyrannei des Augenblicks in der Libyenpolitik. Im Irakkrieg ist die künftige Kanzlerin gegen den Antikriegskurs ihres Vorgängers Gerhard Schröder, aber Seite an Seite mit dem Kriegsherrn George W. Bush; später, im Fall Libyens, steht Deutschland plötzlich im UN-Sicherheitsrat Seite an Seite mit China und Russland gegen die NATO. Und warum? Landtagswahlen in Baden-Württemberg? Brauchten die FDP und der Außenminister ein Thema zur Profilierung? Und als dann also die Rebellen in Bengasi kämpften, kämpften deutsche Politiker in Baden-Württemberg um ihre Ämter.

In der Berichterstattung über Angela Merkel wird diese Form von Politik gern als eine flexible, geschmeidige Regierungskunst beschrieben, aber dieses Hin und Her und Kreuz und Quer-Steuersenkung: ja, nein, ja; Libyeneinsatz: nein, aber Jasminrevolution in Nordafrika: ja, wie schön, trotzdem aber bitte ohne Diskussion deutsche Kampfpanzer für die Saudis! – also diese Willkür, die man wohl Realpolitik zu nennen pflegt, diese Augenblicksanpasserei, dieser ganze Wahnwitz vom Ausstieg aus dem Ausstieg aus dem Ausstieg: Was soll es anderes sein als ein ständig über uns hereinbrechender Opportunismus als Folge der Augenblickstyrannei?

Vielleicht gibt es zwei grundsätzliche Bewegungen innerhalb unseres Hypes um den Augenblick: Zum einen die rasenden Personalgeschichten, also rasender Aufstieg, rasender Abstieg, Guttenberg, Koch-Mehrin, Strauss-Kahn et cetera. Zum anderen die schnelle, tyrannische Minute der politischen Entscheidung: Erst also die Ereignisse ohne Nachklang, dann die Entscheidungen ohne Gedächtnis. Entscheidungen ohne Sinn für Entwicklungen. Entscheidungen ohne Sinn für Vergangenheit und Zukunft.

Vielleicht ist deshalb die SMS-Technik für Merkel genau das richtige Regierungsinstrument? 160 Zeichen für einen Entscheidungsaugenblick. Wenn die Kanzlerin eine Zen-Meisterin wäre, würde sie zwar tun, was der Augenblick verlangt, aber sie täte es, ohne an die kommende Landtagswahl zu denken, allerhöchstens würde sie in einer kleinen Zeremonie achtsam ihr Display putzen.

Eine Zeit, die nur einen ereignispolternden Augenblick feiert und überhöht, das ist eine seltsame Zeit: eine Mischung aus einer rasenden, grellen Gegenwart, die sofort in dunkler, unverarbeiteter Vergangenheit liegt, und einer Zukunft, in die wir blind hineinlaufen, weil die rasende Augenblickskultur nicht gerade das Beharren auf einer Untersuchung von Fehlern in der Vergangenheit befördert.

Es ist, als träte man die Probleme wie eine Büchse oder einen faulen Apfel nur immer weiter die Straße hinunter. Und die Last der Fehlersuche, der Begründungen und Aufarbeitung von endlosen Ernährungsskandalen oder wieder und wieder neuen Finanzskandalen und Rettungspaketen, sie liegt nicht bei den Augenblickspolitikern, sondern bei den Beharrern. Doch wo finden wir solche Beharrer?

Ja, Beharrer brauchten wir! Eine Partei der Beharrlichen, die sich zwischen den einen und den nächsten Augenblick wirft. Eine Partei der Aufmerksamen, die nicht sofort dem nächsten Reiz erliegt und die ihr Programm nicht auf Ereignismodus eingestellt hat. Wir brauchen eine Partei am Rande der Zeit.

Und wie schön und fast schon grotesk ist es, wenn wir heute wie in Zeitlupe von Musikern wie David Bowie sprechen. Wie er in den Siebzigern geklungen hat. Wie anders er in den Achtzigern war. Und dass es in den Neunzigern eigentlich wieder einen neuen Bowie gab. So etwas scheint heute, in der rasenden Gegenwart der Lenas oder Röslers, unmöglich. Bevor sie überhaupt die Chance haben, wirklich ihr Handwerk und ihren Beruf zu erlernen, sind sie schon wieder weg ... Das ist in der Politik so wie in der Musik und immer mehr auch in den anderen Künsten. Ein aufstrebender Künstler hat heute ungefähr die Haltbarkeit eines Handys auf dem Smartphone-Markt.

»Nach zwei gefeierten Filmen gilt der 22-jährige Xavier Dolan als größtes Regietalent der Welt.« (*Der Spiegel*)

Es geht noch besser: »Der niederländische Knirps Baerke van der Meij ist seit einer Woche der wohl jüngste Fußballprofi der Welt. Der eineinhalb Jahre alte Junge überzeugte die Verantwortlichen des niederländischen Erstligisten VVV Venlo mit seinen Fähigkeiten derart, dass er vom Club einen Zehn-Jahres-Vertrag erhielt.« (Focus)

Der Vater des Profis hatte bei YouTube ein Video hochgeladen, auf dem sein Sohn drei Bälle in eine Spielzeugkiste schießt. Der Film wurde mehr als drei Millionen Mal angeklickt. Selbst der US-Nachrichtensender CNN verlinkte ihn auf seine Website. Baerke van der Meij habe ein Gefühl im rechten Fuß wie David Beckham, gab der VVV Venlo bekannt. »Venlo schreibt Geschichte«, verkündete der Club auf seiner Internetseite.

Was für eine Beschleunigung! Nietzsche nennt es »rasend-unbedachtes Zersplittern und Zerfasern aller Fundamente«; er spricht von ihrer »Auflösung in ein immer fließendes und zerfließendes Werden. Und jeder kennt wohl dieses erschöpfende Gefühl beim Anblick einer Zeitung der vorherigen Wochen, die man noch nicht zu lesen geschafft hat. Eine alte Zeitung passt nicht zu unserem Beschleunigungszwang, nicht zu unserer Eilkrankheit. Eine Zeitung von gestern ist etwas für Schildkröten.

Oh je, ich bekomme ja hier so einen richtig moralischen Unterton wie früher die altgedienten ZEIT-Kommentatoren! Aber vielleicht wäre es der zarte Beginn von so etwas wie Moral, die beschriebene Tyrannei und das rasend unbedachte Zersplittern nicht mehr mitzumachen. Zu beharren. An die Gegenwart zu erinnern, bevor wir uns wieder dem nächsten Reiz hingeben. Und ob wir dann, wenn wir beharrlicher, aufmerksamer, mehr am Rande der rasenden Zeit wären, ob wir dann wohl wieder mehr Aufbegehren in uns hätten?

Ist es nicht sonderbar, dass wir keine Ahnung haben, wo unsere ganzen Euro-Rettungsmilliarden am Ende landen werden, wir aber gegen diesen ungeheuren Finanzmarkt, gegen Banker, Broker, Spekulanten und Rating-Agenten nicht auf die Straße oder wenigstens in eine Facebook-Revolution ziehen? Und dass wir es vielleicht nur tun würden, wenn es ergreifende, hochemotionale Bilder über ein so reißerisches Thema wie »griechische Staatsanleihen«, »Gläubigerbeteiligungen« oder »Das wahre Gesicht der EZB« im Fernsehen oder bei YouTube gäbe …?

Als Kind stand ich immer gerne auf den Leuchttürmen in Dänemark. Wenn ich von oben hinunterrief, flogen meine Worte mit dem Wind weg. Und nur, wenn ich schnell nach unten lief, hatte ich das Gefühl, ich könnte ihren Widerhall noch einfangen.

Ähnlich ist es mit der Wahrnehmung und der Verarbeitung. Ich springe von Ereignis zu Ereignis, von Leuchtturm zu Leuchtturm. Ich schreie meine Eindrücke ganz oben in den Wind, aber die jeweiligen Türme laufe ich nicht mehr hinunter. Und daher höre ich auch keinen Hall mehr. Ich komme keinem Ereignis mehr auf den Grund.

Komischerweise muss es dieses Gefühl schon früher gegeben haben. Hans Ulrich Gumbrecht zitiert in seinem Buch 1926 »Ein Jahr am Rand der Zeit« den Journalisten Leo Lania, der sich über die soziale Reportage Gedanken macht. Es liest sich heute wie ein Kommentar auf die Tyrannei des Augenblicks: »Die durchdringende Stimme dieser Gegenwart ist nicht zu übertönen, sie scheucht den sanftesten Träumer aus den letzten Winkeln in das unbarmherzige Licht des Tages. Da bekommen alle Dinge neue Form und neue Farbe, und ihr Sinn und ihr Wesen erschließt sich nur dem, der den Mut hat, ihre Konturen abzutasten, sie immer von Neuem zu besehen, zu behorchen.«

Und der Unterschied zwischen 1926 und heute? Wird unser Augenblickskult mit der heutigen Technologie noch durchdringender, stehen wir noch greller im Licht des Tages? Zwingen uns die neuen Medien immer weiter und unbarmherziger, für alles verfügbar zu sein?

Die Zwanzigerjahre entluden sich in Grausamkeiten, sie verwandelten die Zeit in eine radikale Vereinfachung. Ist, so gesehen, etwas Tröstliches darin, dass wir heute vor lauter Ereignissen schnell zum nächsten wechseln und gar nicht in der Lage sind, aus der Ereignisfülle heraus radikal zu vereinfachen? Ist also insofern unser Ereigniswahn eigentlich ein Segen? Eine angenehme Resignation?

Oder sind diese Fülle und dieser Wahn nur die raffiniertere Form einer Vereinfachung, um tiefere Auseinandersetzung zu vermeiden? Statt Diktatur und Zensur nun Ereignisfülle wie Tausende von Zuckerwatten?

Ja, müssten wir also gerade doch den Mut haben, unsere Ereignisse genauer abzutasten, sie immer von Neuem zu besehen?

Wo sollen wir damit anfangen?

Vielleicht beim guten alten Ozonloch? Ja, es gab einmal ein OZONLOCH! Beharren wir auf dem Ozonloch! Wo das wohl geblieben ist? Wenn wir es wiederfänden und hineinschauten, was würden wir sehen?

Die verlorene Zeit? Eine kleine Erinnerung an unsere Gegenwart? Unsere verlorene Zukunft?

Und am Rande des Lochs würden die Veteranen des Augenblicks sitzen und winken: Adolf Sauerland und dieser Funke. Und Guttenberg mit dem Gorch-Fock-Kapitän. Helene Hegemann. Und Sarrazin. Köhler und Kachelmann. Koch und Ypsilanti mit Bischof Walter Mixa und Präsident Ben Ali. Bin Laden und Westerwelle. Strauss-Kahn mit Berlusconis Musen. Mubarak und die Biosprossen. Und Mark Zuckerberg befreundet sich bei Facebook mit Gott. Angela Merkel schickt eine SMS. Lena singt.

Und der 18 Monate alte Profi Baerke van der Meij schießt mit rechts in das Ozonloch.

2

That's All Right, Mama / Über die Erinnerungssysteme einer Medienrepublik

September, 2007

Als ich zehn Jahre alt wurde, weinten alle Mütter, die zu meiner Geburtstagsfeier gekommen waren. Sie saßen mit ihren Kindern um unser Radio herum, hörten Rock 'n' Roll und weinten, denn als ich zehn wurde, starb Elvis. Drei Wochen später wurde mein bester Spielkamerad auch zehn, und dieselben Mütter saßen um den Fernseher herum und stritten: Manche waren dagegen, andere befürworteten die Schleyer-Entführung, die Mütter waren eben richtige 68er. Und als ich nun vergangene Woche drei dieser Mütter zu meinem nachträglichen Geburtstagskaffee versammelte, da weinten sie wieder.

»Was ist denn jetzt schon wieder?«, fragte ich.

»Lady Di!«, rief eine der Mütter, »genau vor zehn Jahren starb doch die Prinzessin der Herzen!« »Mütter«, sagte ich, »ich kann mich noch erinnern, dass es an diesem Tisch wegen Schleyer heiß herging, und jetzt Tränen für die *Prinzessin der Herzen*? Ihr habt mir schon meinen zehnten Geburtstag versaut, warum weint ihr nicht wenigstens um Elvis, heute genau 30 Jahre tot?« »Mensch, Elvis!«, rief eine, und dann legte meine eigene Mutter »That's All Right, Mama« auf.

Abgesehen davon, dass die Berufsrevolutionärinnen, die uns auf die Welt brachten, heute um die Prinzessin der Herzen weinen, warum weinen, erinnern, gedenken wir eigentlich nur noch termingerecht? Die 68er fangen gerade an, sich pünktlich zu erinnern und ihr einstiges Revolutionärentum zum 40. Jahrestag zu vermarkten.

Kürzlich hatte ich eine Anfrage, ob ich mich auch zu 68 äußern wolle, Abgabetermin in zwei Wochen. Ich antwortete: Der 40. Jahrestag ist doch erst nächstes Jahr?? Zwei Wochen schaffe ich nicht, gehen auch vier oder fünf? Viel zu spät, sagte man, in zwei Wochen werde alles für den 40. Jahrestag eingetütet.

So geht das. Man erinnert sich schon vor, damit man dann, wenn der Termin kommt, präsent ist. Eine Erinnerung, mit der man nicht am Stichtag auf den Markt käme, wäre vermutlich verschenkt und nicht von Interesse. Sich im November statt im Mai an 68 zu erinnern, ist geradezu sinnlos.

Bald stehen, glaube ich, bedeutende Geburtstage von Bismarck oder Beckenbauer an, Hegel oder Schlegel. Was aber ist mit dem 250 000-fachen Mozart-Gesample aus dem letzten Jahr und den allein schon 50 000 Brecht-Jubiläumstexten in den Zeitungen? Mir hätte ein Jubiläumstext gereicht, denn über Brecht weiß ich nun so viel als wie zuvor. Eher weniger.

Vielleicht ist das so mit den Erinnerungsschlachten in einer Medienrepublik. Werden wir auch mit 68 auf eine Art Bulimie zusteuern? Einen Heißhunger, der sich abrupt steigert, der uns immer mehr Wissen, Erinnerung und Terminbewusstsein verschlingen lässt, um Abhilfe zu leisten, und der dann, genauso abrupt, in einem Erbrechen endet? So war es vor einiger Zeit mit Schiller (was für ein Überdruss), und so wird es mit 68 enden.

Je mehr sich eine Medienrepublik erinnert, umso mehr ist danach das Erinnerte vergessen. Bis uns die digitalen Archive termingerecht einen Weckruf zum nächsten runden Gedenktag schicken. Und alle zehn Jahre läuft bei den Müttern »That's All Right, Mama«.

3

Wir schalten um zur Trauerfeier / Über öffentliche Anteilnahme

August, 2010

Die ganze Woche lang musste man sich fragen, ob wir nicht alle verrückt geworden sind. Seit einer Woche überlege ich, ob ein Satz wie »Wir schalten nun vom Stadion zur Trauerfeier« nicht völlig wahnsinnig ist. Wie wird das weitergehen, schalten wir dann bald vom Stadion ins offene Grab? Überhaupt: Trauer um Tote als Public Viewing? Beim Fußball kann man das verstehen, man jubelt lieber zusammen oder erkennt lieber zusammen, dass Podolski doch besser hätte abspielen sollen, aber gehen wir jetzt seit dem Selbstmord eines Torhüters und den Toten von Duisburg auch auf Trauerfanmeilen? Was ist überhaupt Trauer? Und ist öffentliche Trauer nicht eigentlich ein Widerspruch in sich?

Das Fernsehen hatte sich seinen Arbeitsplatz mitten auf dem Rasen des Duisburger MSV-Stadions eingerichtet. Der Tisch war einer der typischen Moderationstische, an denen man Experten befragt und zum Beispiel Johannes B. Kerner kurz vor dem Spiel mit Franz Beckenbauer spricht. Tisch auf Fußballrasen plus Moderator – es kamen dann aber Trauer-Experten, Panik-Forscher, DJs und Augenzeugen der Duisburger Katastrophe, bei der 21 Menschen starben und Hunderte verletzt wurden. Neben dem ARD- und WDR-Moderationstisch gab es noch Außenreporter für die Tribünen, ebenso vom ZDF, deren Redaktion »Hallo Deutschland Spezial« sowohl im Stadion als auch in der Salvatorkirche zugegen war, wo die eigentliche Trauerfeier stattfand. Von dort übertrugen nicht nur das ZDF, die ARD und der WDR, sondern auch n-tv und N24, die zudem einen »Trauerfeier-Stream« im Internet anboten. Und nun wurde hin- und hergeschaltet zwischen Kirche und Stadion, zwischen der Trauerfeier und denen, die sie im Stadion als Public Viewing verfolgten oder kommentierten.

Dennoch war den Moderatoren und Kommentatoren weniger Trauer als vielmehr Enttäuschung anzumerken, denn sie standen vor fast leeren Rängen. Dabei hatte dieses Sendeformat schon einmal sehr gut bei der Trauerfeier für den Torhüter Robert Enke funktioniert, wo eine ganze Nation auf ein vollbesetztes Stadion in Hannover und auf einen Sarg im Mittelkreis geblickt hatte.

Was aber war nun anders, warum blieb es den Sendern im Stadion versagt, erneut Kapital aus der Rührung zu schlagen und Enke-Fernsehen zu machen? Anders gefragt: Dreißigtausend hatte man erwartet, aber wie konnten eigentlich eine Stadt und die gesamten Fernsehsender davon ausgehen, dass eine Woche nach einer öffentlich organisierten Massenpanik die Betroffenen erneut zu einer Veranstaltung laufen würden, die von der Stadt Duisburg organisiert wurde? Oder verspürten die Menschen, die eventuell eine Woche zuvor Todesängste durchlitten, Verletzten geholfen oder selbst andere niedergetrampelt hatten, jetzt einfach keine Lust auf ein Trauer-Event als Public Viewing? Gestern Robert Enke, Michael Jackson, Heidi Kabel, jetzt die Loveparade-Toten?

Angela Merkel hat im öffentlichen Fernsehtrauern schon richtig Routine, das ist auch ihr Job: die Winnenden-Toten, die Afghanistan-Toten, die Duisburg-Toten, es ist nicht immer einfach, öffentlich zwischen Bundesversammlung und Bayreuth zu trauern, und niemand darf ihr dafür einen Vorwurf machen. Dennoch zwingt mich eine Live-Übertragung einer Trauerfeier zur Beobachtung. Ich nehme nicht wirklich teil und erlebe, sondern ich empfange inszenierte Bilder, was sollte ein Unterhaltungs- oder Informationsmedium (was mittlerweile dasselbe ist) auch anderes senden als inszenierte Bilder, die ich konsumiere und bewerte?

Schläft Merkel oder schließt sie die Augen, um Stille für eigenes Gedenken zu finden? Hat die Frau des Bundespräsidenten nicht einen etwas zu kurzen Rock an? Fällt nicht überhaupt auf, dass sie neben der routinierteren Trauer der Kanzlerin nach dem angemessenen Gesichtsausdruck sucht? Was für ein Horror muss das für Frau Wulff sein, wenn sie fünf Sender dabei abfilmen, wie sie der Trauer Ausdruck verleiht und dabei auch noch gut aussehen muss?

Zum Glück war der Trauergottesdienst wirklich schön, schlicht, sogar manchmal still, nur der Cellist trug mit seinem Mienenspiel zu dick auf, was aber offenbar der Bildregie aller Sender gefiel, wenn man schon die Trauer einiger Angehöriger nicht abfilmen durfte.

Glauben wir mittlerweile, dass das, was nicht gesendet wird, gar nicht existiert? Müssen wir also Trauer live übertragen, damit wir wissen, dass wir sie empfunden haben? Braucht es so etwas wie Gefühlsverstärker oder Sekundärgefühle, die nicht mehr selbst erlebt, sondern vom Fernsehen inszeniert werden, damit wir große Empfindungen haben? Und um wen geht es bei dieser großen Empfindung?

Es gibt Angehörige der 21 Toten, die von der Trauerfeier erst aus der Zeitung erfahren haben. Es kann also sein, dass die Fernsehsender ihre Sendeplätze buchten, noch bevor die Angehörigen ihre Reisen buchen konnten. Viele der Eltern sind, wie man hörte, nicht gekommen. Vielleicht haben sie gespürt, dass es nicht nur um Empathie, um Mitgefühl gehen könnte. Wer keine persönliche Einladung bekommt und von der Totenfeier für die eigenen Kinder aus der Zeitung erfährt, der kann sich nicht gemeint und im Gefühl anderer aufgehoben fühlen – zumal, wenn er eine Woche später nichts mehr über seine toten Kinder in der Zeitung liest, sondern nur noch über die Pensionsansprüche eines Bürgermeisters, der diese eventuell verlieren könnte und dann zu schlechteren Konditionen in der gesetzlichen Rentenkasse nachversichert werden müsste, wenn er zurücktreten würde. Um solche Details ging es schon Tage später in unseren Medien.

Wie fühlt es sich also für einen Angehörigen an, wenn sein persönliches Schicksal wie ein Kuchen aufgeteilt wird und plötzlich Millionen etwas angeht, die der Schmerz gar nicht direkt betrifft? Empfindet er es als Ehre, Anteilnahme oder empfindet er Ekel? Soll ihn eine Fernsehübertragung trösten? Rauben ihm diese Millionen und das Fernsehen nicht eigentlich den persönlichen Abschied? Benutzen sie gar den fremden Tod, um durch einen verdaulichen Tod auf Distanz in den Bann gezogen zu werden?

Vom Trauerkuchen haben alle etwas: das Fernsehen, die Fotografen, die Magazine, die Zeitungen, die Kirche, vielleicht sogar der trauertragende Cellist. Und die Politik. Am meisten wohl diesmal die neue NRW-Ministerpräsidentin Hannelore Kraft, deren ungewöhnliche Rede wie die von DFB-Präsident Theo Zwanziger bei Robert Enke überall im Internet gepostet und gelobt wurde, man wird noch sehen, was das in der SPD und bundespolitisch für Auswirkungen hat.

Und natürlich haben auch wir etwas vom Trauerkuchen: Trauer gebietet eigentlich Sprachlosigkeit. Es gibt keinen Trost, demnach müsste man eigentlich die Sprachlosigkeit und die Stille aushalten, wenn wir trauern. Doch wie soll das heute gehen: Sprachlosigkeit und Stille – und woher soll man am Ende wissen, dass die Trauer stattgefunden hat?

Nein, was nicht gesendet wurde, hat nicht stattgefunden! Also muss rund um die Uhr Trauer gesendet werden, nicht ein Sender, sondern fünf; nicht ein Fotograf, sondern 5000; nicht eine Kirche, sondern noch ein Stadion dazu mit Public Viewing und Moderatoren und Experten.

Woher kommt die Sehnsucht, ja, die fast perverse Lust, massenmedial zu trauern oder sentimental zu werden?

Eigentlich haben wir ja nicht mehr viele große Wir-Gefühle oder verbindende Gemeinschaftssinne. Keine Montagsdemonstrationen, keine Demonstrationen gegen die organisierte Finanzkrise, keine größeren Protestmärsche bei den Klimakonferenzen, keine Anti-Afghanistankrieg-Bewegungen, keinen BP-Tankstellen-Boykott, keinen Koalitionsboykott usw. Vielleicht gibt es viel zu viel, wogegen man demonstrieren oder was man boykottieren müsste, vielleicht ist die Welt viel zu komplex und kompliziert geworden, um etwas Übersichtlicheres zu finden als demonstrativen, bierseligen WM-Jubel (Fanmeile) und betroffenheitskollektive Totenfeiern (Trauerfanmeile).

Und ich selbst bin mir am Ende unsicher, ob ich die Trauerfeier im Fernsehen nur eingeschaltet habe, weil ich meinte, dass solch sinnlose Tode wenigstens eine anständige Trauer-Öffentlichkeit brauchen. Ich bin mir auch unsicher, ob ich die Trauerfeier nicht vielleicht deshalb auf mehreren Kanälen anschaltete, um darüber sprechen zu können. Auf jeden Fall hat Hannelore Krafts Rede alle gerührt; einerseits. Dass ich jedoch für meine eigene Empathie Hannelore Kraft brauche und am Ende kaum noch andere Bilder für eine Trauer finde als jene, die im Gefühls-TV präsentiert und für alle inszeniert wurden, ist bedenklich. Das Fernsehen stellt nicht Empathie her, es klaut sie, es betrügt die Menschen um ihr eigenes Gefühl.

Und eine weitere Frage ist, wie es weitergeht. Wenn Drogensüchtige etwas empfinden wollen, müssen sie die Dosis erhöhen. Wie ist das mit Jubel- und Trauersüchtigen? Werden zum Beispiel die Kinder von morgen an den Gräbern ihrer Angehörigen stehen und traurig fragen: Wo sind die Kameras, warum gibt es keinen Tweet von Obama und Merkel?

Und heute, zwei Wochen nach den Toten und eine Woche nach der öffentlichen Trauerfeier: Haben wir noch genug von der Dosis im Blut, um es noch nicht ganz vergessen zu haben?

4

Die Revolution unter den Zeitungsstapeln / Über zerstreute Wut

März, 2013

Narren wie ich, die zu Hause monatelang Zeitungen stapeln, weil sie die Zeit, ihre Skandale und Ungeheuerlichkeiten festhalten und nicht vergessen wollen, die könnten im Grunde genommen jeden Tag eine Revolution stattfinden lassen.

Meist ist es so, dass ich einen Artikel oder eine Schlagzeile lese, mich empöre und mir sage: diese Schlagzeile hebst du auf, da recherchierst du weiter, da machst du was Grundsätzliches draus, die Gangster können was erleben!

So war das zum Beispiel mit dem Export deutscher Patrouillenboote nach Saudi-Arabien. Ich wühlte bereits nach den älteren Artikeln über den Export von Leopard-Kampfpanzern, die mitten im Arabischen Frühling nach Saudi-Arabien geliefert wurden, aber schon am nächsten Tag konnte man nichts mehr über deutsche Patrouillenboote in den Zeitungen lesen. Dafür der Pferdefleischskandal, die Fertig-Lasagne!

Ungeheuerlich, dachte ich, das ist wirklich skandalös. Dann trat überraschend der Papst zurück, und ich legte alle Papstberichte auf die Berichte über den Pferdefleischskandal und die Lasagne, unter denen schon die Artikel über die Patrouillenboote und die längst fällige Finanztransaktionssteuer lagen, deren schleppende gesetzliche Umsetzung mich eigentlich sofort zur Ausrufung der Revolution hätte bewegen müssen. Wenn die Finanztransaktionssteuer nicht kommt, sagte ich mir, dann zahle ich selbst keine Steuern mehr, dann rufe ich dazu auf, dass keiner mehr Steuern zahlt, solange nicht genau auch jene Steuern zahlen, die Europa mit ihren Transaktionen in Schutt und Asche gelegt haben.

Apropos Europa: Wie viele Europa-Artikel ich gesammelt habe! Skandalöse G20-Gipfel, immer neue Bankenrettungen, die Enteignung der Sparer durch die EZB, der Wahnsinn in Brüssel, aber irgendwann bedeckte dieser FDP-Brüderle mit seinem völlig überdimensionierten Dirndl-Skandal (»Sie können auch ein Dirndl ausfüllen, Frau Himmelreich«) meine Europa-Artikel und die Artikel über die Finanztransaktionssteuer, die ja thematisch zusammengehören. Und immer dann, wenn ich meine Revolutionsstapel einigermaßen geordnet hatte, polterte der SPD-Kanzlerkandidat mit seinen Interview-Skandalen dazwischen, die jegliche Konzentration auf das Wesentliche zunichtemachten.

Natürlich muss man auch für die Homo-Ehe auf die Straße gehen, sagte ich mir an manchen Tagen und legte einen diesbezüglichen Artikel über die CSU auf den irrsinnigen Stapel mit den Dirndl-Sexismus- und den SPD-Kanzlerkandidaten-Debatten. Aber was passierte? Der Legehennen-Skandal, die falsch deklarierten Bio-Eier! Am nächsten Tag saß ich also voller Misstrauen und ohne Ei beim Frühstück und starrte völlig handlungsunfähig auf die neuesten Meldungen in der Zeitung.

Wirkliche Konsequenzen aus etwas zu ziehen, zum Beispiel die Selbstverständlichkeit deutscher Waffenexporte OHNE aktuelle Nachrichtenlage anzuklagen – es wäre, als würde man Badeschaum an die Wand nageln wollen.

Im Februar ist Stéphane Hessel gestorben. Er war Résistance-Kämpfer, Überlebender des Konzentrationslagers Buchenwald, später Diplomat der UNO, Lyriker und politischer Aktivist, der noch im hohen Alter das Manifest »Empört euch!« veröffentlichte. Hessel wollte, dass man sich wieder darauf besinnt, was die Résistance ihm mit auf den Weg gegeben hatte: kollektive Verweigerung, Aufstand, Revolution.

Momentan beschäftige ich mich mit dem Mindestlohn. Eigentlich müsste man nicht nur für den Mindestlohn sofort auf die Straße gehen, sondern schon gegen das Wort an sich. Ich sammele jetzt alle Artikel über »Mindestlohn« und ordne sie zu den alten Artikeln über die Bankenrettungen, die gehören für mich inhaltlich zusammen. Daneben lege ich meine gesammelten Hessel-Nachrufe. Vielleicht hilft es.

5

Im Haus der untergegangenen Träume / Mit Udo Lindenberg bei Liebknecht

Januar, 2010

Dieser Tage war ich zum ersten Mal im ehemaligen Staatsratsgebäude. Am Schlossplatz 1, allerdings noch ohne Schloss, es müsste eigentlich Am Platz 1 heißen, weil ich so einen großen Platz überhaupt noch nie gesehen habe, das ist ja eine Wüste von Platz, seit es den Palast der Republik nicht mehr gibt. Den Staatsrat gibt es auch nicht mehr. Der Letzte, der hier an diesem Platz zwischenzeitlich seinen Dienstsitz hatte und sich vielleicht für einen Staat beraten hat, war Gerhard Schröder, aber den gibt es als Staatsmann nicht mehr, seine Partei und die Sozialdemokratie seitdem eigentlich auch nicht mehr.

Mein Gott, das ist ja ein trauriger Ort, dachte ich: Wer hier eintritt, geht unter! Ich trat trotzdem ein. Neujahrsempfang der Stiftung Schloss Neuhardenberg, Geburtstagsfeier für dessen Intendanten Bernd Kauffmann.

Oben im zweiten Stock sah ich aus dem Fenster über den riesigen weißen Platz.

Hatte dort unten nicht Karl Liebknecht die Republik ausgerufen?

Ich googelte mobil, neues Handy – ich googele momentan überhaupt alles mobil, was mir unter die Augen kommt, besonders die Namen auf Schildern von netten Verkäuferinnen –: »Karl Liebknecht – Republik ausgerufen – wo?« Ergebnis: »Karl-Liebknecht-Portal. Das ehemalige Portal IV des Berliner Stadtschlosses, von dessen Balkon aus Liebknecht am 9. November 1918 die Republik ausrief, ist heute in die Fassade des ehemaligen Staatsratsgebäudes integriert.«

Das auch noch, sogar die untergegangenen Träume von Liebknecht sind in dieses Gebäude integriert!

Ich sah wieder über den kalten Platz. Ja, wie irrsinnig vergeblich doch all diese schönen Ausrufe sind. Und am Ende gibt es nur wieder das Stadtschloss, aber wer weiß, vielleicht schlägt da noch die Finanzkrise zu …

»Hier gibt es noch die schönen Glasbilder von Walter Womacka«, sagte Lothar de Maizière, der letzte Ministerpräsident der DDR, in einem Kulturgespräch auf der Bühne.

Ich googelte heimlich unter meinem Sitz: Erst Lothar de Maizière, dann Walter Womacka, dann wurde Jimmy Hartwig im Publikum begrüßt. Jimmy Hartwig: ehemals Fußballprofi, 1860 München, HSV, Nationalspieler, jetzt

Darsteller des »Woyzeck« von Büchner in der Inszenierung des Helmut-Kohl-Darstellers Thomas Thieme, der bei diesem Neujahrsempfang den Moderator gab. Was hier so alles zusammenkommt!

Das Handy klingelte, mein Vater, ich lief aus dem Saal. »Wo bist du? Es hallt so«, sagte er. »Im ehemaligen Staatsratsgebäude der DDR!«, erklärte ich.

»Was machst du denn da?«, fragte er.

»Ich googele untergegangene Republiken, Balkone, Träume und Männer«, antwortete ich.

»Bist du betrunken?«

In dem Moment lief Udo Lindenberg vorbei. Er lief direkt unter dem integrierten Karl-Liebknecht-Portal ins Staatsratsgebäude.

»Ich muss Schluss machen, gleich singt bestimmt Udo Lindenberg!«

Oben stand er dann keinen halben Meter entfernt von Lothar de Maizière und gurgelte auf der Bühne Eierlikör. Den alten berühmten Hut auf dem Kopf, der dunkelblaue Mantel, die schwarze Brille.

Kann etwas all die Jahre und Jahrzehnte so unverwandelt durch die Welt gehen?

Der Palast der Republik ist weg, der Staatsrat ist weg, Schröder und die Sozialdemokratie sind auch weg, Liebknecht und seine Balkonträume sind schon lange weg. Nur Lindenberg stand jetzt da wie der ewige Udo und sang »Hinterm Horizont geht's weiter«. Er sang, gurgelte und sang, und es war, als wäre Lindenbergs Horizont das Letzte, an das man sich in diesen schnellen Zeiten halten kann, in diesem traurigen Gebäude am großen, eisgefrorenen Winterplatz.

6

Die aufgehobene Zeit / Zum Messie-Syndrom

Mai, 2011

Am Tage des Rückspiels im Champions-League-Halbfinale Barcelona gegen Madrid habe ich zum ersten Mal einen Messie getroffen.

Den spanischen Kommentator hörte man schon über die südlichen Berge Lanzarotes hinweg. Vor einem Haus auf einem malerischen Hügel saß ein Mann im Abendlicht und sah sinnierend in die Ferne. »Schau mal, Goethe in der Campagna!«, sagte ich zu Barbara, meiner Begleiterin, die mit ihrem Jeep der Kommentatorstimme durch die Berge folgte, bis wir direkt vor Goethe hielten.

»Wollen Sie das Spiel mit mir schauen?«, fragte er. Er saß auf einem schimmeligen Hocker; ein staubbedeckter Schwarz-Weiß-Fernseher stand auf dem vulkanischen Boden vor ihm, und dahinter war kein römisches Aquädukt und kein griechisches Marmorrelief wie bei Tischbein, sondern nur eine verfallene Finca. Die eine Mauer war schon eingestürzt, und unter der verzogenen Eingangstür wuchsen Pflanzen hervor. Das Hemd des Mannes war blütenweiß und hob sich auffällig ab vom Verfall hinter ihm.

Barbara war schon aus dem Jeep gesprungen, sie hatte 50 Euro auf Barcelona gesetzt und wischte mit dem Ärmel über den Bildschirm, sodass man nun auch die Mannschaften auseinanderhalten konnte.

»Ich hole Wein. Bleiben Sie bitte sitzen«, sagte der Mann und stieg durch das Loch in der Wand ins Innere seiner Ruine.

»Ich glaube, das ist wirklich einer von diesen Menschen, die dieses Syndrom haben. Rilkes Tochter hatte das auch«, flüsterte ich. »Willst du etwa bleiben?«

»Rilkes Tochter? Was für ein Syndrom? Ich kann diesen Ronaldo nicht leiden«, Barbara war mehr mit einem Foul oder Nicht-Foul von Ronaldo beschäftigt.

»Messie-Syndrom«, sagte ich.

»Messi wird ständig gefoult!«, rief sie. »Wenn der Schiedsrichter so weiterpfeift, sind die 50 Euro weg!«

Hinter uns lagen Kisten, Flaschen, Säcke, Dosen, Bücher und alte Elektrogeräte. Ein Toaster aus den 50er-Jahren lag zwischen Pflanzen, ein Ball aus altem furchigen Leder platt vor einer Toilette, die im Innenhof stand.

»Schau mal, ein altes Telefon mit Wählscheibe!« Ich stand auf, steckte einen Finger in die Lochscheibe und wählte. »Kennst du noch dieses alte Geräusch, wenn die Scheibe sich zurückdreht?«

Ich dachte nicht mehr an Goethe in der Campagna, sondern an Rilke in Worpswede, an dessen einzige Tochter, Rilke hatte ja ein Kind, das er nach zwei Jahren verließ. Die Wohnung der Rilke-Tochter wurde nach ihrem Selbstmord aufgebrochen, und man fand Altes aus einem ganzen Jahrhundert: Altes aus den 50er- und 60er-Jahren, gemischt mit Rilkes eigenen Sachen, der auch nichts hatte wegschmeißen können, Altes aus dem Paris der 20er-Jahre, aus München und Locarno, alles aufgetürmt und gehortet. Die Rilke-Tochter, so vermutet man, habe der Nachlass ihres Vaters überfordert, und sie sei am Messie-Syndrom zugrunde gegangen.

Messie-Syndrom?

Der Begriff (von engl. Mess = Unordnung, Dreck, Schwierigkeiten) bezeichnet Defizite in der Fähigkeit, die eigene Wohnung ordentlich zu halten. Es können seelische

Störungen vorliegen (Verlassen-Werden, Trennung). Meist will der Messie sich von nichts trennen, von keiner Erinnerung, er will sich an alles erinnern können.

»Vielleicht hat ja so ein Messie recht? Er hebt die Zeit auf, die es nicht mehr gibt«, sagte Barbara und sah auf den alten Toaster. »So einen hatten wir auch. Ich kann mich erinnern, dass dies das erste Gerät war, das ich als Kind bedienen konnte, in Unkel am Rhein. Und ich weiß noch, wie ich es ansah und auf das Brot wartete.«

»Ich trage immer mein bestes Hemd bei so einem wichtigen Spiel!«, sagte der Mann, als er aus der Ruine zurückkam und drei Flaschen Wein ohne Gläser reichte.

Später, in der 54. Minute, als das 1:0 für Barcelona in Schwarz-Weiß fiel, tanzte er unter dem Abendhimmel mit Flasche und Insekten um den Bildschirm herum.

»Irgendwo habe ich noch Oliven!«, rief er, sprang auf und schoss den alten Ball quer durch die Ruine.

»Das war ja wie Messi!«, rief ich, »Lionel ...«, ergänzte ich erschrocken. Der Mann drehte sich um. Er lächelte verlegen. Dann stieg er wieder durchs Loch ins Innere seiner Behausung. Und kam nicht wieder.

IM WARTEZIMMER DER WÜRDE
(Lauter Farcen)

1

Das Leben könnte so schön sein!
(Erster Brief von Bundesminister Horst Seehofer an seine Exfreundin)

Januar, 2010

Liebe Anette,

ich schreibe dir aus Ingolstadt, wo ich viel über dich nachdenke. Da ich dir bisher nur durch die *Bild* mitteilen konnte, dass ich mich von dir trenne und zu Karin nach Ingolstadt zurückkehren muss, möchte ich nun persönlich werden.

In Berlin habe ich am Vorabend meines Entschlusses lange mit Angela Merkel über dich gesprochen. Es war ein vertrautes Gespräch. Zwischendurch rollte Wolfgang Schäuble herein, um mitzuteilen, dass er zur Abwehr eines Terroranschlags von seinem finalen Rettungs- oder Todesschuss bei entführten Flugzeugen nicht abrücke. Ich sagte: »Wolfgang, ich vermisse in deinen Plänen die Verhältnismäßigkeit. Natürlich braucht das Land einen Innenminister, der sich über die Sicherheit der Bürger Gedanken macht, aber stell dir mal vor, deine Frau fliegt, ohne es zu wissen, zusammen mit Osama bin Laden, was dann? Holst du sie am Flughafen ab oder schießt du sie ab?«

Schäuble drehte ganz hektisch an seinen Rädern, rollte einmal um Merkel herum und sagte: »An deiner Stelle, Horst, wär ich ganz still und würde lieber mal in Ingolstadt reinen Tisch machen, sonst mach ich bei dir eine Online-Durchsuchung!« Merkel sagte: »Wisst ihr was, ich bin noch vom Staatsbesuch in Polen ganz erschöpft«, und schob Schäuble einfach raus. Er schrie noch »Finaler Schuss, finaler Schuss!«, dann war Ruhe.

Merkel sprach sehr schön von dir, auch von unserem Baby. Schade, dass die Kanzlerin kein Baby hat, ein Merkelbaby, finde ich, fehlt Deutschland, und ich war in dem Moment froh, dass es nun ein Seehoferbaby gibt, doch plötzlich kam jemand rein und sagte zu Merkel: »Vattenfall!« Dann wurde das Gespräch durchgestellt, und jetzt halt dich fest: Die Dübel in Krümmel und Brunsbüttel in den Atomkraftwerken sind zwar total marode gewesen, aber jetzt hat Vattenfall das AKW Biblis A und Neckarwestheim verpetzt, dass bei denen ständig die Notkühlung ausfalle und die Reaktorkerne schmelzen! Weißt du, was das heißt?

Ich war mal Gesundheitsminister, ich möchte nicht, dass das Seehoferbaby in so einer Welt lebt. Alles ist marode! Wenn unser Kind Fahrrad fahren will, muss es dopen, wenn es eine Lampe anmacht, schmelzen die Reaktorkerne, und wenn es mit Osama bin Laden im Flugzeug fliegt, schießt Schäuble es ab!

Bitte wechsele zu Yellow Strom! Gut, gelb, günstig. Das Leben könnte so schön sein. Gerade versinkt die Sonne hinter der Moritzkirche, sie wurde dem heiligen Mauritius geweiht und ist eine dreischiffige gotische Basilika. Magst du Gotik? Wir haben nie darüber gesprochen.

Ich muss Schluss machen, Karin schreit die ganze Zeit »Essen! Horst, Essen!« Ach, Berlin … »Nach Berlin!«, heißt es bei Tschechow, aber ich bin in Ingolstadt, wo die Sonne nun endgültig hinter der Basilika versinkt. Hinter der Basilika ging Franz Beckenbauer in ein Internat. Karin ruft schon wieder. Ich muss essen, Anette. Du kannst ja Harry Potter lesen.

Dein Horst

PS: Lösche bitte alle E-Mails, die ich dir geschrieben habe. Bei Schäuble weiß man nie! In Zukunft melde ich mich aus dem Internetcafé unter erwin_huber_ist_doof@freenet.de

Ich muss Schluss machen, Anette. Forever, Seehofer!

2

Menschlein und Mächtchen / Über das politische Amt in Deutschland

Januar, 2007

Stoiber, Stoiber und Seehofer, Beckstein, Huber – und kein Ende ... Seit Wochen ist die Republik damit beschäftigt, dass ein Politiker in Bayern letztlich beschließen muss, seine Ämter abzugeben.

In der ersten Woche war zu sehen, wie ein Mann Beton anmischen will, dabei auf Zementsäcken sitzt und auf ihnen auch bis 2013 weitersitzen will, falls es bis 2013 nicht gehen sollte, dann jedenfalls bis nächstes Jahr, am Ende aber wenigstens noch bis zum Sommer.

Um den Mann mit den Zementsäcken stehen unruhige Figuren, die ihm vorne herum freundlich zuwinken, aber hinten herum alle schon die Finger am Betonmischer haben und auf die Zementsäcke warten. Und jetzt stehen uns wahrscheinlich noch Wochen oder Monate bevor, in denen die Herren am Betonmischer alles in die Trommel werfen, was ihnen in die Hände kommt: illegale Babys, die Basis, die bayerische Verfassung, die christsoziale Kampfabstimmung, den Katholizismus, am Ende bestimmt den Papst, alles vermatscht mit Huber, Seehofer, Beckstein, Ramsauer, Stoibers alten Säcken und Kreuther Semmelknödeln.

Bei den Deutschen geht es beim Kampf ums Amt um alles, ganz besonders in Bayern. Wenn's um Ämter geht, ziehen Heerscharen von Reportern nach Wildbad Kreuth zur Klausurtagung der CSU und schlafen im Stehen, dann bringt das Fernsehen permanent Sondersendungen, so als wäre in Bayern und im Rest der Welt nichts mehr, wie es einmal war. Behält er das Amt? Wie lange hat er das Amt noch? Wer will das Amt? Wer bekommt das Amt? Wer bekommt wann das Amt?

Es scheint, als bekomme die gesamte deutsche Öffentlichkeit bei der Frage nach dem Amt Hormonschübe.

Stoibers seltsamer Satz, er wolle für das Amt noch einmal kandidieren, müsse aber nicht, mein Gott, das klingt ja wie aus dem Swingerclub: »Alles kann, nichts muss.« Natürlich muss es, dafür ist er doch im Club!

Bekommt nämlich jemand in Deutschland ein Amt, dann gehen die Lichter an, kommt der Dienstwagen vorgefahren, setzen die Autoritäts-, Obrigkeits- und Omnipotenzmechanismen ein, und das Gefolge aus Anhang und Berichterstattern bildet Rudel, denen der Speichel aus dem Mund läuft.

Hast du in Deutschland ein hohes Amt, musst du nichts mehr planen, der Tagesablauf wird organisiert. Was gewusst und gelesen werden muss, wird vorgelegt, was gesagt sein soll, vorgefasst. Man muss nicht mal mehr selbst einen Regenschirm halten. Man muss eigentlich nur das Amt bekleiden, und was man dazu anzieht, wird einem meistens auch noch ausgesucht.

Man hat von Politikern gehört, die am Ende nicht mehr schreiben konnten. Und Helmut Kohl soll sogar einmal gegen eine Glastür gelaufen sein, weil sie sich nicht von allein öffnete.

Und am Ende, wenn einem die Macht genommen wird, wie jetzt bei Stoiber? Einem Mann, der das Amt mit Zement in sich hineinbetonieren wollte und plötzlich ohne Amt fast grotesk und lächerlich wirkt und sogar in Wildbad Kreuth über einen Stuhl stolperte?

Doch da, wo man ihn gerade noch vom Hofe jagte, da hat sich die Aufmerksamkeit des Rudels schon auf den möglichen Neuen im Amt gestürzt, denn einen Machtmenschen ohne Macht wirft man weg wie eine verfaulte Nuss.

Dabei wäre es so gut, sich diese stolpernden Machtmenschen ohne Macht einmal länger anzusehen. Vielmehr, uns selbst dabei anzusehen, wie *wir* sie ansehen: eben fast als Unpersonen, als Restpersonen, als Hülsen ohne Kern, als KohlSchröderStoiber minus Macht, die am Ende manch einer sogar mit Mitleid bedenkt. Man kann sich erinnern, dass Kohl nach seiner Abwahl Journalisten tatsächlich zu Mitleidsbekundungen hinriss! Ich selbst saß einmal im Restaurant *Sale e Tabacchi* in Berlin, als plötzlich Helmut Kohl hinter meinem Stuhl stand. Er war plötzlich da, ganz alleine, wie ein Gespenst, das das Schloss nicht verlassen kann und bleich in der Ecke steht.

Ja, so sehr also hängt alles am Amte, mit ganzer Seele!

Und nun bekommt es in Bayern bald ein Neuer. Und der neue Amtsträger wird wie der alte auf den Säcken sitzen, den Zement anmischen – und dann, wenn er's schafft, über Jahre die absurde Aufmerksamkeit genießen.

3

Sehnsucht nach Genscher / Bericht aus der Bundesversammlung

Juli, 2010

Das Würdevollste an der Bundesversammlung waren die Platzanweiser.

Der Mann im Frack, der mich zu meinem Sitz geleitet, schreitet wie ein britischer Butler durch den Reichstag. Unten im Plenarsaal stehen zwei Männer in schlecht sitzenden Anzügen mit knallgelben Krawatten am Rednerpult und lassen sich von einem dritten ablichten.

»Lächeln!«, ruft er. »Komm mal locker rüber am Pult, Uwe!«

Alle tragen Schilder mit der Aufschrift »Wahlmann«, denn Uwe und seine Freunde sind von der FDP eingeladen worden, in 20 Minuten den Bundespräsidenten zu wählen. Ebenso als Wahlmänner sind von der CDU sehr viele Skiläufer und Kunstturner eingeladen worden, kein einziger Künstler bei der CDU und FDP, nur Skiläufer und Kunstturner.

Das Handy von diesem Rednerpult-Uwe klingelt, und er schreit mitten im Plenarsaal: »Elke? Ich sims dir das Wahlergebnis!«

Oben auf der Besucherebene telefonieren und simsen sowieso alle. Der Schriftsteller Rainald Goetz hat sich mit einigen Kameras ausgestattet und richtet seine Objekte hektisch auf das politische Berlin. Angela Merkel trägt Schwarz wie eine Witwe, setzt sich mit ihrem Kandidaten neben Seehofer auf die hellblauen Stühle, die aussehen wie Jogi Löws Pullover gegen England, und spielt mit ihrer Stimmkarte herum. Merkels Kandidat sitzt auf seinem Stuhl wie ein Ersatzspieler auf der Bank, er wird die Wahlgänge über eine Blässe ausstrahlen, so als dürfte er nur zwei Minuten mitspielen. Bundestagspräsident Lammert hält zwischendurch mehrere gute Reden. (Hätte man nicht Lammert als Kandidaten nehmen können?)

Neben mir steht Hans-Dietrich Genscher auf, wankt die Tribüne hoch und nimmt den Fahrstuhl zur Plenarsaalebene. Ich folge Genscher, weil ich denke, der hat noch am ehesten die schöne, feierliche Haltung der Platzanweiser.

Auf dem Gang vor dem Plenarsaal sind ungefähr 30 Grad, circa 1000 Fernsehscheinwerfer. Schwitzende Moderatoren, schwitzende Reporter, schwitzende Politiker. Alle reden, simsen, telefonieren, mailen, twittern, senden. Gibt es einen dritten Wahlgang? Erleben wir etwas Historisches? Redet Gabriel oben in der Kuppel mit der Linken?

Ich fahre mit dem Fahrstuhl auf die Fraktionsebene: Simsen! Mailen! Telefonieren! Senden! Twittern!

Journalisten laufen umher, fahren rauf und runter Fahrstuhl und sammeln O-Töne von Politikern; Politiker laufen umher, fahren rauf und runter Fahrstuhl und sammeln Journalisten für ihre O-Töne, dabei tun die meisten so, als wären sie eilig unterwegs, aber in Wahrheit würden sie am liebsten in jedes Mikrofon hineinlaufen. Martina Gedeck, die schöne Wahlfrau für die Grünen, schreitet wie die heilige Johanna der Bundesversammlung zu einem ARD-Mikro und sagt, sie habe nicht getwittert (angeblich habe sie, wie behauptet wird, voreilig Wahlergebnisse nach draußen getwittert). Westerwelle spricht in ein Büschel aus Mikrofonen und sagt, die FDP stehe geschlossen hinter ihrem Kandidaten.

Ich sehne mich nach Genscher, sehe aber nur die Wintersportler der CDU, die auch interviewt werden.

35 Grad. Ein SPD-Wahlmann fällt um und wird aus der Bundesversammlung ins Bundeswehrkrankenhaus gebracht. Goetz sitzt immer noch auf der Tribüne und macht seine ungefähr 1244ste Aufnahme von Angela Merkel.

40 Grad. Und es gibt nichts zu trinken. Nur twittern. Fahrstuhlfahren. Reden. Senden …

4

Die Schokolade aus der Staatskanzlei / Über Transparenz

Januar, 2012

Vor einigen Jahren bekamen wir einen Brief aus der Staatskanzlei Niedersachsen, vom Ministerpräsidenten, das heißt, meine damalige Freundin bekam den Brief. Dazu Schokolade in einem feinen Holzkästchen mit geschnitzten Motiven der Stadt Budapest; jene Freundin ist Ungarin, Schauspielerin, sie hatte gerade einen Film mit Dieter Wedel abgedreht, in dem auch der Ministerpräsident eine kleine Rolle gespielt hatte.

»Sehr hübsch«, sagte ich. »Hast du eigentlich irgendeine Ahnung, warum ausgerechnet der Ministerpräsident dir Schokolade schickt?«

»Weil der Wedel mich so angeschrien hat, und dieser Präsident stand daneben, es tat ihm wohl leid. Ist doch nett«, erklärte sie.

»Der Wedel schreit halt manchmal, das ist ganz normal. Da steckt viel mehr hinter der Schokolade«, entgegnete ich.

»Dann antworte du ihm doch. Und sag danke«, meinte sie, allerdings konnte ich mir kaum vorstellen, dass der eine Antwort von mir wollte.

»Du, der ist gerade geschieden worden«, erklärte ich. »Und warum bitte hat der Ministerpräsident nicht andere Dinge zu tun, als Schauspielerinnen, die angeschrien wurden, Schokolade in Holzkästchen zu schicken? Wir werden dem überhaupt nicht antworten, was soll denn das für ein Dialog werden?? Außerdem ist der von der CDU, die Schokolade rühre ich nicht an!«

Als wir uns trennten und die Wohnung auflösten, fand ich das Kästchen mit den Budapestmotiven wieder.

Die Schokolade war steinhart geworden, der Brief aus der Staatskanzlei lag immer noch unbeantwortet obenauf, und der Ministerpräsident war mittlerweile wieder verheiratet und von der Kanzlerin als Bundespräsident zur Wahl durch die Bundesversammlung bestimmt.

»Schau mal«, sagte ich, als wir die letzten Dinge aus der Wohnung in den Müllcontainer warfen. »Vielleicht hättest du First Lady werden können, wenn wir uns bedankt hätten!«

Sie lächelte müde.

Nun, fast zwei Jahre später, bin ich hin- und hergerissen.

Natürlich war es eine nette Geste, einer Schauspielerin, die angeschrien wurde, Schokolade zu schicken. Ich finde es – mit Abstand betrachtet – sogar rührend und würde mich heute wirklich nachträglich bedanken, wenn ich denn wüsste, *wer* die Schokolade bezahlt hat.

Hat sie eventuell sogar dieser Staatssekretär Glaeseker besorgt, »das Faktotum« genannt? Und hat das Faktotum auch die Briefmarke draufgeklebt?

Ja, und wer hat die Briefmarke bezahlt?

Der Ministerpräsident privat? Oder der Steuerzahler?

Es könnte sein, dass ich übertreibe, dass wir alle maßlos übertreiben, aber wenn ich irgendwann einmal ein hohes politisches Amt in diesem Land ausfüllen sollte und es käme heraus, ich hätte angeblich privat Schokolade aus der niedersächsischen Staatskanzlei verköstigt, dann steht hier für alle Staatsgerichtshöfe geschrieben: Nein, habe ich nicht! Das war alles ganz anders. Und im Gegenteil: Ich habe es sogar schonungslos offengelegt. Diese Form der Transparenz tut mir allerdings für uns alle und auch für das höchste Amt leid.

5

Warum nicht gleich den Präsidenten googeln / Über die Gier nach Namen

Februar, 2012

Als der Bundespräsident zurücktrat, saß ich in einer langen Jury-Sitzung auf der Berlinale. Eine Mitarbeiterin machte nur kurz die Tür auf und sagte: »Wulff ist weg.«

»Oh, und nun?«, fragte ich.

»Klaus Töpfer«, sagte sie und schloss die Tür.

Zwei Stunden später ging die Tür wieder auf.

»Huber«, sagte sie.

»Huber!«, wiederholte ich.

»Who is Huber?«, fragte mein amerikanischer Jury-Kollege, er dachte wohl, das sei einer unserer Preiskandidaten. »Do we need Huber?«

»Maybe we need Huber, because our president didn't say the truth.«

Eigentlich komisch, dachte ich. Bundespräsident Wulff tritt ab, weil er nicht die Wahrheit sagte; Köhler, der Bundespräsident davor, trat ab, weil er die ganze Wahrheit gesagt hatte.

»Too much truth is also dangerous in Germany«, erklärte ich.

»Voßkuhle!«, hieß es, als das nächste Mal die Tür aufging.

»Nice name, Voßkuhle«, sagte mein amerikanischer Kollege.

Auf der Toilette hörte ich einen Mitarbeiter über den Flur rufen: »Otto Rehhagel! Sensation!«

Stimmt, dachte ich. Otto Rehhagel ist eine Sensation, aber immerhin noch einleuchtender als Huber oder Voßkuhle.

Als ich später im Autoradio Rehhagel sagen hörte, dass er sich auf seine neue Aufgabe bei Hertha BSC freue, war ich enttäuscht. Ich tippte nun auf Huber oder doch auf Töpfer.

Dann kamen weitere Namen: Norbert Lammert (noch besser als Rehhagel!) … Ursula von der Leyen (hm) … Margot Käßmann (ups) … Katrin Göring-Eckardt (warum nicht?) … Wolfgang Schäuble (Und wer übernimmt dann die Finanzen? Ramsauer??) … Petra Roth (die aus Frankfurt??) … Klaus Kinkel (Kinkel?!) … Wolfgang Ischinger (Wer ist das denn??) …

Und dann soll ja die Bundeskanzlerin eine Stunde vor Verkündung des neuen Bundespräsidenten zu Gabriel von der SPD gesagt haben: »Wie wär's mit Voscherau?« Und fünf Minuten vorher zu Trittin von den Grünen: »Haben Sie die Handynummer von Gauck?«

Ich schlage vor, das nächste Mal den Präsidenten auszugoogeln, da kommt man auch auf Kandidaten.

Wenn man sich zum Beispiel klarmacht, dass es an Christian Wulff auch gute Seiten gab (pro Migrantentum) und es an Joachim Gauck auch schlechte gibt (pro Sarrazin, gegen Occupy!), dann wäre vielleicht CHRISTIAN GAUCK der ideale Kandidat? Und wenn man einen Christian Gauck googelt, findet man einen. Schon auf dem Foto* wird deutlich: eine Supermischung aus Christian Wulff (jung, ordentlicher Haarschnitt) und Joachim Gauck (präsidiale Nase).

Dr. Christian Gauck ist Leitender Oberarzt in Hamburg und verheiratet. Und er versteht bestimmt mehr vom Menschen als Huber oder Voßkuhle. Allerdings ist er Joachim Gaucks Sohn. (Ich dachte, Gauck lebt in wilder, kinderloser Ehe?)

Daher neu kombiniert, gegoogelt und siehe da: Es gibt auch zwei JOACHIM WULFFs, die infrage kommen!

Dem einen gehört das erfolgreichste Sanitärinstallationsgeschäft für Badewannen in Deutschland. Joachim Wulff ist zwar die zweite Wahl nach Christian Gauck, dafür aber offenbar wohlhabend und kein Schnäppchenjäger.

Der andere Joachim Wulff gehört zu den erfolgreichsten Einzelhändlern für Obst und Gemüse in Hamburg. Er hat außerdem einen berühmten Vater, dem 1937 die Kristallisation des Gärungsenzyms Alkoholdehydrogenase gelang. Ohne ihn wüssten wir also gar nicht, wie viel Alkohol wir trinken dürfen, wenn wir danach noch Auto fahren wollen (siehe Margot Käßmann!). Mein Favorit ist also dieser Joachim Wulff, der Gemüsehändler aus Hamburg. Siehe sein sympathisches Foto.**

Den nehmen wir.

---

* www.tabea-fachklinik.de/kliniken/hamburg/media/dateien/arztprofile/profil_gauck.pdf.

** http://www.interweichert.de/uploads/pics/joachim-wulff_03.jpg

6

Kleiner Zapfenstreich für große Frau / Weltfrauentag

März, 2012

Wieder einmal Großer Zapfenstreich im Fernsehen. Diesmal für Wulff. Ich weiß nicht, ob andere Länder auch Zapfenstreiche haben, aber unsere Politiker wären darin bestimmt Weltmeister: Schnelle Karriere, blöde Affäre, großer Zapfenstreich, so läuft das heute, ich bin schon Spezialist für Zapfenstreiche. Mitten im Kommando *Helm ab zum Gebet!* rief meine Mutter an.

»Stell dir vor, im Fernsehen ist überall Zapfenstreich. Dabei ist heute Weltfrauentag!«

»Ich weiß«, sagte ich, »sehe ich auch, jetzt setzen sie den Helm ab, und dann kommt die Choralstrophe *Ich bete an die Macht der Liebe*«.

»Unverschämtheit«, sagte sie. »Ich hatte eine Sondersendung zur Lage der Frauen erwartet, aber nicht dieses Tsching de Rassa Bum.«

»Das ist kein Tsching de Rassa Bum«, erklärte ich, »das ist ein sehr durchdachtes Manöver. So was wie Tsching de Rassa Bum machen eher die Politiker, und wenn's auffliegt, gibt's Zapfenstreich.«

»Weißt du eigentlich, dass du im Geiste der Frauenbewegung erzogen worden bist?«, fragte sie. »Es betrübt mich, dass du dir Zapfenstreiche ansiehst. Eine Veranstaltung von Männern für Männer im Namen des Volkes!«

Meine Mutter ist so eine Art Generalstochter, denn wenn es nach ihrem Vater gegangen wäre, hätte es jeden

Tag Großen Zapfenstreich gegeben, und so gesehen bekämpfte sie den väterlichen Geist mit der Frauenbewegung. Sie wollte Schauspielerin werden; sie war schon auf der Otto-Falkenberg-Schule in München angenommen, aber da hat ihr Vater sie eigenhändig herausgeholt. Leichtathletin sollte sie werden und für Deutschland Goldmedaillen erringen, doch dann kam ich, und meine Mutter holte ihre Schauspielkarriere nach, indem sie mir ab der Stillphase alle maßgeblichen Frauenrollen der Welttheaterliteratur vorspielte.

Ich kannte die Penthesilea von Kleist schon bevor ich ein Jahr alt wurde, ebenso die Antigone, Lady Macbeth, Medea (mochte ich nicht), Desdemona, auch die Julia, und mit den Jahren kamen Phädra, Elektra, die Brunhilde von Hebbel dazu – bis hin zur *Katze auf dem heißen Blechdach*. Rezitierten wir in der Schule Schillers Glocke oder harmlose Morgenstern-Gedichte, gab es zu Hause gewichtige Frauendramen bei der Hausarbeit, die ich mit meiner Mutter gemeinsam zu verrichten hatte. Ich lernte zu nähen, zu backen, Putzmittel zu unterscheiden, während meine Mutter mir das gesamte Spektrum weiblicher Affekte von Alkestis bis »Wer hat Angst vor Virginia Woolf« herunterrezitierte.

Meine Mutter war keine vordergründige Aktivistin wie manche Mütter meiner Kameraden, die ihren Ehemännern die Hausarbeit von einem Tag auf den anderen vor die Füße knallten, sondern eine hintergründige Frauenkämpferin; sie liebte es, die verschlungensten Wege der weiblichen Seele zu erkunden und auf diese auch gleich ihren Sohn mitzunehmen. Stand ich in der Küche und trocknete die Teller, dann war ich dabei zugleich auf einem Balkon in Verona oder hochthronend auf einem Eisberg in Island unter lauter Walküren.

»Weißt du?«, sagte ich, »ich schreibe heute nicht über den Zapfenstreich, sondern ausnahmsweise über dich!«

»Nicht über den Präsidenten? Über mich? Über deine eigene Mutter?«, fragte sie leise.

»Ja. Und stellvertretend für alle tollen Mütter.«

Wir hörten noch die Nationalhymne zum Abschluss des Großen Zapfenstreichs. Sie sagte nichts, aber ich spürte, wie sie sich freute.

7

Im Wartezimmer der Würde / Michael Ballack, Michael Schumacher und Christian Wulff besuchen einen Therapeuten fürs Karriereende – Eine Sprechstunde

Oktober, 2012

Medienstars haben viele Berater. Berater für Werbeverträge, Medienpräsenz, Imagepflege, Kapitalanlagen, Benefiz und für den Transfermarkt, was aber offenbar fehlt, ist der Berater für den Abschied, für ein Karriereende in Würde. Wenn man sich ein Sprechzimmer bei solch einem Berater vorstellen würde: Es wäre derzeit gut besetzt. Michael Ballack säße da, Michael Schumacher neben Kurt Beck, dem rheinland-pfälzischen Ministerpräsidenten. Ab und zu ginge die Tür auf, und Thomas Gottschalk würde kurz im Wartezimmer Platz nehmen. »Dauert das noch lange?«, würde Gottschalk vielleicht Beck fragen, und Ballack würde sagen: »Wulff ist immer noch drin.«

So ein beratender Therapeut für das Karriereende in

Würde ist eine Marktlücke – und ein Job, der dem Rest der Gesellschaft einiges ersparen könnte (Boris Becker). Wie therapiert man Menschen, die aufgrund einer singulären (manchmal sogar sinnlosen) Eigenschaft oder durch Macht eines Amtes zu Stars hochgezüchtet wurden? Wie bringt man sie am Ende wieder runter?

Wenn sich der Therapeut die Akten seiner Klienten Ballack und Schumacher anschauen würde, stieße er auf imposante Fakten. In der Schumacher-Akte: »Beruf Rennfahrer. Sieben Mal Weltmeister. Folgen: Weltsportler mehrerer Jahre, Goldene Kamera, Goldenes Lenkrad, Bambi, Offizier der Ehrenlegion, Einkommen pro Tag 97 561 Euro, Schauspieler für Kinofilme, Werbeverträge für sechs Millionen Euro pro Jahr. Versuchter Rücktritt in Würde 2006. Klägliche Comebackversuche von 2010 bis 2012. Ablösung bei Mercedes durch Hamilton.«

Die Ballack-Akte wäre ähnlich: »Beruf Fußballer. Die Folgen: Der Capitano. Deutscher und englischer Meister und Pokalsieger, torgefährlichster deutscher Mittelfeldspieler aller Zeiten, bester Spieler der WM 2002, mehrere Berufungen ins FIFA-All-Star-Team, Bambi, offizielle Benennung eines Planetoiden mit dem Namen ›Ballack‹, Werbeverträge für sechs Millionen Euro jährlich. 2010 aussortiert beim FC Chelsea. 2011 aussortiert aus der Nationalmannschaft. Und 2012 aussortiert bei Bayer 04 Leverkusen.«

Vermutlich würde der Therapeut auf die Idee kommen, mit Ballack und Schumacher eine Art »Spiegeltherapie« zu machen, denn beide waren lange unangefochten. Und beide waren die größten deutschen Werbeträger in allen Bereichen des Lebens, vom Mineralwasser über die Haarpflege und den Bausparvertrag bis zur Pauschalreise. Wer so himmelhoch über allem stand und sich vom ganzen

Land auserwählt hielt, der ließ es natürlich andere spüren: Oft fuhr Schumacher mit seinem Ferrari so, als gehörte ihm die Rennstrecke allein; er bremste später als alle anderen, blockierte andere Fahrzeuge, und wenn sie schneller waren als er, rammte er sie. Ebenso Ballack. Er war der Anführer; wer sich nicht unterordnete, wurde ebenfalls blockiert, gerammt. Und dabei bremste auch Ballack nie. Sinnbildlich war es sein Freistoßtor 2008 bei der EM gegen Österreich mit 120 Stundenkilometern ins rechte obere Eck, das dem Trainer Joachim Löw den Kopf rettete.

»Und dann schmeißt mich so ein Jogi einfach aus meiner Nationalmannschaft?!«, würde Ballack durchs Sprechzimmer des Therapeuten brüllen, sodass sogar Kurt Beck im Wartezimmer aufschrecken würde. »Ein badischer Co-Trainer, aus dem nie etwas geworden wäre, wenn Klinsmann ihn nicht aus dem Schwarzwald geholt hätte?!«, würde Ballack weiterbrüllen. »Und der kickt einen Ballack raus, nach dem Sternwarten ihre Planeten benennen!?«

Bei der Spiegeltherapie wäre Schumacher Ballack wohl schon bei den »Planeten« ins Wort gefallen. »Ich bin Offizier der Ehrenlegion und erfolgreichster Deutscher neben Bismarck und dem Papst! Mir setzt man keinen Hamilton vor!«

Nun würde die Tür des Sprechzimmers aufgehen und Gottschalk ungeduldig fragen: »Wann bin ich dran? Warum ist Dieter Bohlen nicht totzukriegen?? Kennen Sie diesen schrecklichen Lanz, der in jeder Show auch noch mit Udo Jürgens oder Howard Carpendale Klavier spielt, obwohl er es nicht kann?!«

Mit solchen Patienten müsste man vorsichtig umgehen. Früher, berichtete der Filmregisseur Jean-Luc Godard, durfte nicht auf der Straße gedreht werden, nur weil jemand, der da gerade vorbeiging, einen hinterher hätte verklagen können mit der Begründung, man habe kein Recht, ihn zu zeigen. So etwas kann man sich heute nicht mehr vorstellen. Heute wimmelt es nur so von kleineren und größeren Aufmerksamkeitsamateuren und Aufmerksamkeitsmeistern, aber im Falle der Patienten Schumacher und Ballack könnte man von Aufmerksamkeitsweltmeistern oder Aufmerksamkeitskapitalisten sprechen, denn keine deutschen Sportler (außer vielleicht Boris Becker oder Henry Maske) konnten ihre Disziplin so kapitalisieren und zur Macht ausbauen.

Ja, Macht. Der Therapeut würde nun in eine erweiterte Spiegeltherapie gehen und ihnen eine DVD mit der Elefantenrunde nach der Bundestagswahl 2005 vorführen: Gerhard Schröder im Gespräch mit Angela Merkel, Guido Westerwelle und Edmund Stoiber. Die Union hat unerwartet miserabel abgeschnitten und die SPD noch miserabler, aber nicht so miserabel, wie man es vorausgesagt hatte, der Kanzler hat auf den letzten Metern mächtig aufgeholt. Allein daraus leitet Schröder seinen Anspruch auf eine weitere Kanzlerschaft ab und legt einen irrsinnigen Auftritt hin. Er rammt und blockiert wie Schumacher und ballert mit 120 Stundenkilometer wie Ballack, sodass Westerwelle fragt, was er denn genommen habe.

Der Therapeut würde nun natürlich seine Patienten fragen, wie ihnen die Elefantenrunde gefallen habe. Ballack würde sich sofort mit Schröder identifizieren und durchs Sprechzimmer schreien, dass die Merkel ihm vorkomme wie Philipp Lahm! Natürlich müsste nun der Therapeut daran arbeiten, dass seine Patienten anhand dieses absurden Videos erkennen, dass Schröder keine illegalen Drogen genommen hatte, wie Westerwelle vermutete, sondern eine leider allzu legale jahrelange Überdosis an Aufmerksamkeit, die ihn zum unangefochtenen Medienkanzler mit gefühltem Machtanspruch hatte werden lassen. Aber dieser Machtanspruch sei eben nur gefühlt, nicht wirklich, müsste der Therapeut betonen.

Er würde seinen Patienten sogar deutlich machen wollen, dass Schröder in seinem rammenden und ballernden Basta-Stil ein Auslaufmodell einer alten Zeit geworden sei. Eine Merkel, ein Philipp Lahm, vermutlich sogar ein Hamilton: Sie alle agieren technokratischer, leiser, fast stumm und mit deutlich weniger Benzinverbrauch.

So einen Führungsstil würden unsere Patienten weit von sich weisen, aber der Therapeut würde ihnen nun klipp und klar sagen müssen, dass diese absurden Runden auf der Rennstrecke, dass das ewige Hickhack, ob der Aufmerksamkeitsweltmeister nun spielen muss oder nicht – dass das alles eine einzige Elefantenrunde sei.

Kann den Patienten am Ende geholfen werden? Wie kann man ihnen denn nun helfen, ihre Würde zurückzuerlangen? Ihnen sagen, dass ihr Leben bisher gar kein richtiges, echtes Leben war?

Der Trainer Bruno Labbadia hat einmal gesagt, dass alles von den Medien »hochsterilisiert« werde, und er meinte natürlich »hochstilisiert«. Labbadia hatte aber recht. Sind nicht solche Aufmerksamkeitsweltmeister am Ende so hochsterilisiert, dass es unmöglich ist, sie ins Leben zurückzuführen?

Irgendwann nun würde wieder die Sprechzimmertür aufgehen, Karl-Theodor zu Guttenberg seinen Scheitel auf die andere Seite kämmen und für alle deutlich vernehmbar sein Comeback verkünden.

8

270 Mal bei Rot über die Ampel! / Über den Doktor Theodor zu Guttenberg

Februar, 2011

Schade, dass es bei den Fragestunden im Bundestag immer nur um parteitaktische Angriffe und Verteidigungen geht und nie um entspannte, nachdenkliche, vielleicht sogar philosophische Betrachtungen. Zum Beispiel so eine: Ein Mann fährt mit dem Auto zur Arbeit, denkt darüber nach, dass er zu spät kommt, und als er ankommt, wird ihm klar, dass er das rote Licht einer Ampel unbeachtet ließ. Man nennt so etwas vielleicht eine unbewusste Wahrnehmung. Was aber, wenn der Mann auf seinem Weg 270 rote Ampeln unbeachtet lässt?

Bei der ersten kann man noch sagen, okay, er hat morgens die Kinder schulfertig machen müssen, dann saß er vielleicht kurz an seiner Doktorarbeit, suchte noch eine Fußnote und musste dann schnell zur Arbeit. Der Kopf ist voll, spät dran, klar, also bei Rot mit unbewusster Wahrnehmung über die Ampel, das ist entschuldigt.

Aber 270 Mal?

Wenn schon ein ganzes Land über eine Doktorarbeit debattiert, dann wäre doch die durchaus geisteswissenschaftliche Frage interessant, wie jemand sagen kann, er habe »nicht bewusst getäuscht«, sondern nur 270 Mal hintereinander »unbewusst«?

Bei einer unbewussten Täuschung ist dem Täuschenden die Täuschung nicht bewusst. Man denkt dabei vielleicht an die Zeugen Jehovas, die schon sechs Mal mit felsenfester Überzeugung den Weltuntergang prophezeit haben, oder an italienische Fußballer, die ohne Körperkontakt zu Boden fallen und einen Elfmeter haben wollen. Eine Erklärung wäre hier das sogenannte »Selbstmissverständnis« über das eigene Handeln, man würde einem sogenannten »täuschenden Konsens« unterliegen und einfach 270 Mal unbewusst über die rote Ampel fahren oder 270 Mal im Strafraum mir nichts dir nichts hinfallen, um jedes Mal einen Elfmeter zugesprochen zu bekommen. (Das mit dem »Selbstmissverständnis« und dem »täuschenden Konsens« habe ich wahrscheinlich bei Karl Jaspers oder Habermas abgeschrieben, um es gleich zu sagen!)

Den Zeugen Jehovas nimmt man so ein Selbstmissverständnis ab, vielleicht auch noch den italienischen Fußballern, aber einem Politiker aus hohem Hause, der auch noch Bundeskanzler werden will?

Oder konkret gefragt: Was ist besser, ein Bundeskanzler, der 270 Mal bewusst oder unbewusst täuscht und Fehler macht?

Der 270 Mal unbewusst täuschende oder fehlermachende Bundeskanzler wäre vielleicht sympathischer, aber offen gestanden würde ich mir Sorgen machen: heute sind es die Ampeln und die akademischen Fußnoten, morgen die Atomprogramme, Kriegserklärungen des Iran oder der ultimative Börsencrash. Wie will man das mit einem Mann bestehen, der dafür bekannt ist, in Serie unbewusst Fehler zu begehen, und dem ein unbewusstes Widerfahrnis nach dem anderen geschah? Dann vielleicht doch lieber den bewusst täuschenden und Fehler machenden Bundeskanzler?

Ich glaube, von genau dem sollten wir sprechen. Es kann natürlich sein, dass einer auf dem Karriereweg zum Bundeskanzler sehr viel bewusst täuschen muss und sich deshalb nach einem Zustand des Unbewussten sehnt. Bewusst heißt ja, man erlebt etwas und kann sich auf dieses Erleben später beziehen. Und vielleicht ist ja genau das unerträglich? Sich aller Lügen, Tricks, Täuschungen, Fehler, Vergehen ständig bewusst zu sein? Vielleicht muss ein Politiker, der Bundeskanzler werden will, wirklich das Lügen und Tricksen in etwas »zu jeder Zeit Unbewusstes« transferieren oder wegsperren, weil er sonst vor Selbstekel zerbrechen würde?

Ja, vielleicht ist das wie mit dem »Bildnis des Dorian Gray«. Und was Oscar Wilde vor über hundert Jahren geschrieben hat, ist vielleicht auch der Roman über Karl-Theodor zu Guttenberg. Der strahlende Jüngling lebt und strahlt dahin im Glanz, aber sein weggesperrtes Bildnis trägt nun die ersten schlimmen Umrisse der Fratze.

PS: Und Schiedsrichterin Merkel gibt jeden der 270 unberechtigten Elfmeter!

9

Die Minute der wahren Empfindung / Übers Lügen – oder Wie die Kanzlerin eine SMS bekam und für einen Moment die Wahrheit aufleuchtete

War der März 2011 der vielleicht lügenreichste Monat der deutschen Politik? Oder können wir uns an all die anderen lügenreichen Tage schon gar nicht mehr erinnern, weil die neuesten Lügen immer die alten verdrängen und vergessen machen?

Die Bundeskanzlerin hat in diesem März in der Liederhalle beim Wahlkampf in Stuttgart gesagt: »Mehr Scheinheiligkeit und Verlogenheit« habe sie lange nicht mehr erlebt, und dabei sprach sie nicht von Guttenbergs Lügen, sondern von den Lügen der anderen: den Lügen der Sozialdemokraten, den Lügen der Grünen und den Lügen der Linken. Sie sprach nicht von den Lügen der CDU oder CSU, die man noch dazunehmen könnte, und wie gern würde man der Kanzlerin für ihren nächsten Auftritt in der Liederhalle einen Aufsatz von Nietzsche ins Manuskript fügen, für ihre große Verlogenheits-Rede.

Nietzsche schreibt in »Über Wahrheit und Lüge im außermoralischen Sinn«: »Im Menschen kommt diese Verstellungskunst auf ihren Gipfel: hier ist die Täuschung, das Schmeicheln, Lügen und Trügen, das Hinter-dem-Rücken-Reden, das Repräsentieren, das im erborgten Glanz Leben, das Maskiertsein, die verhüllende Konvention, das Bühnenspiel vor anderen und vor sich selbst, kurz das fortwährende Herumflattern um die eine Flamme Eitelkeit so sehr die Regel und das Gesetz, dass fast nichts unbegreiflicher ist, als wie unter den Menschen ein ehrlicher und reiner Trieb zur Wahrheit aufkommen konnte.« Mit Nietzsche gesprochen: Nicht mehr das Lügen unserer menschlichen Politiker wäre erwähnenswert, sondern die seltenen und fast unbegreiflichen Momente der Wahrheit …

Oh, wie freute man sich dann, als die Forschungsministerin Schavan sagte, »sie schäme sich nicht nur heimlich« für Guttenberg! Aber war ihr öffentliches Schämen nun doch abgesprochen? Heimlich mit der Kanzlerin?

Die Szene auf der CeBIT in Hannover mit Merkel und Schavan und der SMS von Guttenberg hätten zum Beispiel Hitchcock (*Psycho*) oder Dieter Wedel (*Der Schat-*

tenmann) nicht besser drehen können: Der Präsident der deutsch-türkischen Industrie- und Handelskammer Tarabya-İstanbul beginnt seine Rede, und in Merkels rotem Jackett vibriert das Handy. Es ist 9.07 Uhr. Karl-Theodor zu Guttenberg simst seinen Rücktritt. Merkel schaut auf das Display, berührt diskret Schavan am Arm und gibt ihr das Handy, im Hintergrund der ahnungslose Rainer Brüderle von der FDP. Dann der kurze Blickkontakt der beiden Frauen, das triumphale Aufblitzen in ihren Augen, vermutlich hat Friedrich Schiller an genau solche Frauenblicke gedacht, als er »Maria Stuart« schrieb.

In dieser kleinen stummen Szene – siehe YouTube – ist eigentlich der ganze politische März enthalten. Und zwar in seinem Kontrapunkt: keine verstellte, maskierte politische Rede, sondern ein paar Sekunden der wahren Empfindung in reiner Körpersprache. Keine von Machtkalkül, Parteidisziplin und Medienstimmung abgezirkelten Konventions-Statements, sondern Merkel spielt unbewusst eine Regieanweisung von Friedrich Schiller – auf dass man den Menschen erkenne (moralische Anstalt!).

Ja, wahrscheinlich hätte sich sogar Nietzsche bei dieser SMS-Szene die Augen gerieben. Einen kurzen, schönen, reinen Trieb zur Wahrheit hätte er aufkommen sehen.

10

Meine Frau will aber nicht nach Berlin / Wie Minister in Deutschland ausgesucht werden

März, 2011

Angeblich soll es ja so gewesen sein: CSU-Chef Horst Seehofer sitzt nach dem Rücktritt des Verteidigungsministers Karl-Theodor zu Guttenberg mit seinem Landesgruppenchef Hans-Peter Friedrich zusammen und bietet ihm das Verteidigungsministerium an. Doch Friedrich sagt, er sei nun mal erst gerade Landesgruppenchef geworden und wolle nicht.

Neben Friedrich sitzt Landesfinanzminister Georg Fahrenschon, und eine Minute später bietet ihm Seehofer das Verteidigungsministerium an. Doch Fahrenschon sagt, das ginge leider nicht, seine Frau wolle nicht nach Berlin.

Am späten Abend ruft die Kanzlerin Seehofer an und sagt, man könne sich einen »Ringtausch« vorstellen: Innenminister Thomas de Maizière von der CDU als Nachfolger des Verteidigungsministers Karl-Theodor zu Guttenberg, und die CSU stellt den Nachfolger des Innenministers.

Seehofer ruft daraufhin Bayerns Innenminister Joachim Herrmann an, doch dessen Frau will auch nicht nach Berlin.

Seehofer ruft noch einmal Georg Fahrenschon an und bietet ihm nun statt Verteidigung das Innere an, aber die Frau will immer noch nicht nach Berlin.

Dann ruft Seehofer bei Bundesverkehrsminister Peter Ramsauer an, der ihm jedoch sagt, dass, wenn er jetzt plötzlich Innenminister werde, Georg Fahrenschon und Joachim Herrmann garantiert auch nicht Bundesverkehrsminister werden wollen würden.

Scheiße, muss sich Seehofer gedacht und danach wieder spät in der Nacht bei Landesgruppenchef Peter Friedrich angerufen haben.

»Friedrich, du wirst es jetzt!«, so wahrscheinlich Seehofer in den Hörer.

»Was denn??«, so Friedrich als Antwort.

»Innenminister!«, soll Seehofer kurz und knapp entgegnet haben, worauf Friedrich (»Ich dachte, Verteidigungsminister?!«) erst noch seine Frau hatte wecken wollen, aber das sei ihm dann von Seehofer strikt verboten worden.

Man fasst es eigentlich nicht.

Überall auf der Welt muss man seine Eignung und seine Qualifikationen unter Beweis stellen, wenn man einen qualifizierten Job will. Einem Arzt wird erst nach langen Ausbildungsjahren eine Approbationsordnung erteilt; ein Fußballtrainer muss sich ausbilden lassen und eine Lizenz erwerben; ein Vermessungstechniker (früher Landvermesser) zum Beispiel muss sich in Geoinformationstechnologie und Bergbautechnik auskennen, er muss Berge, Städte und Flüsse vermessen können. Ein Bäcker geht in die Getreidelehre, und ein Geschichtsprofessor muss in jahrelanger Kleinstarbeit erst promovieren, dann habilitieren.

Nur bei den Ministerämtern in Deutschland ist offenbar gleichgültig, wozu einer befähigt ist und wozu nicht. Wenn de Maizière so ein guter Innenminister war, warum ist er dann jetzt Verteidigungsminister? Warum kann ein Fahrenschon oder ein Herrmann genauso gut Verteidigungs- wie Innen- oder sogar Verkehrsminister sein? Und dann wird es ein Friedrich, weil Seehofer keine Lust mehr zum Telefonieren hatte und es einer aus der CSU sein musste? Wenn Deutschland einmal von der al-Qaida oder sonst wem angegriffen werden sollte, dann möchte ich eigentlich einen Innenminister haben, der unbedingt Innenminister sein will. Und nicht einen, der zufällig Innenminister ist, weil er zum Beispiel seine Frau nicht mehr wecken und fragen konnte.

Irre ... Stellt Bayern München jetzt etwa einen Handballtrainer ein? Gehe ich zum Urologen, wenn ich Zahnschmerzen habe? Promoviere ich in Geschichte, wenn ich ein führender Agrarwissenschaftler werden will?

Nur bei den Ministerämtern kann kommen, wer will. Er muss sogar neuerdings gar nicht wollen. Wenn er in der CSU ist und Seehofer ins Bett will, ist er Innenminister! (Brauchen wir einen Irrenminister?)

Fragen nach Kompetenzen in Verfassungsrecht? Zivilschutz? Oder Zuwanderung und Integration? Nicht nötig. Ein Anruf von Seehofer in der Nacht, und man kann genauso gut Verteidigungsminister sein. Kompetenzen in internationalem Völkerrecht, Wehrverwaltung, Luftwaffe, Heer und Marine? Nicht nötig, wer das Amt hat, hat qua Amt Kompetenz.

Oder ist am Ende alles wie in Kafkas »Schloss«? Wie in dieser berühmten Geschichte von der mysteriösen Anstellung des Landvermessers K? »Bedenke doch nur: dort oben ist die Behörde in ihrer unentwirrbaren Größe – ich glaubte, annähernde Vorstellungen von ihr zu haben, ehe ich hierher kam, wie kindlich war das alles.«

Ja, wie kindlich manchmal unsere Vorstellungen davon sind, wie es eigentlich sein müsste.

11

Über Sex und Gesellschaft (Zweiter Brief von Horst Seehofer an seine Exfreundin)

August, 2011

Liebe Anette,

die Öffentlichkeit hat dich schon vergessen, aber ich nicht, denn du bist immer noch die Mutter des berühmten Seehoferbabys. Erinnerst du dich? Was wurde nicht alles über uns berichtet, eine Medienkampagne, wie es sie noch nie gegeben hat!

Ich war fast 60 und du keine 30, und wir trafen uns heimlich in Berlin, als ich noch Bundesminister für Ernährung, Landwirtschaft und Verbraucherschutz war.

Nun haben sie ja gerade den CDU-Spitzenkandidaten Christian von Boetticher aus Kiel am Wickel wegen seiner Facebook-Freundin, das ist ja lächerlich, der Altersunterschied beträgt ja nur schlappe 25 Jahre! Die Facebook-Freundin ist 16, von Boetticher 41 ... In keinem Bericht über von Boetticher wurde erwähnt, dass der Altersunterschied zwischen mir, Horst Seehofer, und dir noch größer war!

So sind die Medien, sie huschen über alles hinweg, ohne nachzudenken, sie spalten die Nord-CDU in Kiel, ohne die Sache richtig einzuordnen. Wie ist es möglich, dass man nach der großen Seehofer-Affäre überhaupt noch über so etwas stürzen kann?? Hat nicht meine Affäre, die laut Google die bedeutendste der Bundesrepublik war, den Weg frei gemacht für jeden folgenden Politiker mit einer vergleichsweise naturgemäß lächerlichen Affäre?! Wenn diese blöden Ratingagenturen nicht nur die Potenz des Landes, sondern auch die Potenz der Landespolitiker bewerten würden, da wäre ich, Anette, »AAA« (höchste Bonität, Triple A!), und dieser von Boetticher oder auch Kachelmann, die wären im Keller!

Liebe Anette, ich habe mich wieder den ganzen Tag mit den Euro-Bonds herumgeschlagen. In der »Süddeutschen« habe ich ein Foto mit der Bundeskanzlerin gesehen, wie sie am Tag der offenen Tür im Kanzleramt ein Buch unterzeichnet, Titel: »Der Staatsbankrott kommt«. Das ist Wahnsinn, ich sitze hier in Bayern und denke fieberhaft darüber nach, wie wir um Euro-Bonds und Inflation herumkommen, schlage der Kanzlerin sogar die Pkw-Maut vor, aber sie signiert in aller Ruhe das Buch »Der Staatsbankrott kommt«, die Tante ist doch irre? …

Hast du neulich »Lanz« geguckt? Da ging's um Sex neben der Ehe. Dass man das nach der großen Seehofer-Affäre überhaupt noch für ein Thema hält! Warum sind wir trotz der großen Seehofer-Affäre immer noch ein so durch und durch spießiges Land? In der *FAZ* stand, Lanz habe »Sex« nicht mal richtig aussprechen können. Man spricht »Sex« mit scharfem S aus, Lanz sagte aber »Sex« wie »Soße« (ZZZ, unterste Bonität, Triple Z!).

Lächerlich das Ganze! Das ganze politische Berlin pudert sich durch die Vorzimmer; der Ministerpräsident in Schleswig-Holstein lädt jede Frau unter 40 zu einer Wattwanderung ein, aber im Fernsehen sagen wir »Sex« wie »Soße«! Was für ein verlogenes, spießiges Land … Wir leben in einer entsetzlich verängstigten, mittelmäßigen Gesellschaft!

Vor der großen Seehofer-Affäre herrschte eine bornierte, eine menschenfeindliche Gesinnung. Ich dachte freilich, dass nach der großen Seehofer-Affäre eine andere Gesellschaft geboren sei, gewissermaßen zusammen mit dem Seehoferbaby eine bessere, ehrlichere, menschenfreundlichere Gesellschaft. Mitnichten! Mitnichten!!

Ich muss Schluss machen, Karin, meine Gattin, schreit die ganze Zeit »Essen, Essen!«

Ach, Berlin, Anette … – aber ich bin daheim in Ingolstadt, wo gerade die Sonne rot hinter der Basilika versinkt. Karin ruft schon wieder. Ich muss essen, Anette.

Dein Horst

PS: Lösche bitte meine E-Mails. In diesem Land weiß man nie.

Forever, Seehofer!

12

Die Instrumentalisten und allberechnenden Barbaren / Über deutsche Politiker

April, 2011

Wenn Guido Westerwelle bald seine Memoiren herausbringt, werden wir uns wieder an Japan und Fukushima erinnern: »Ich musste als Vorsitzender der FDP wegen eines Erdbebens in Japan zurücktreten.«

In Angela Merkels Memoiren könnte es heißen: »Die Wahl in Baden-Württemberg verloren wir wegen Fukushima und Rainer Brüderle.«

Wenn bald Brüderle seine Memoiren herausbringt, könnte es lauten: »Als ich beim BDI zu Protokoll gab, dass die Atomwende der Koalition ein Wahlkampfmanöver sei, hatte ich recht. Aber geliebt wird nur der Verrat, nicht der

Verräter. Letztlich wurde ich als Wirtschaftsminister entsorgt, weil ich die Wahrheit über die Folgen von Fukushima sagte.«

Mein Gott, wenn das Erdbeben wüsste, was es sogar in Deutschland angerichtet hat …

Ein Chronist könnte den Irrsinn noch weiterführen: Während die Japaner um ihre Existenz kämpften, kämpften die Deutschen um ihre Ämter. Die Kanzlerin, die gerade die Laufzeiten der deutschen Kernreaktoren um 14 Jahre verlängert hatte, wollte plötzlich noch schneller aussteigen als Rot-Grün. Es war wirklich, als wollte der Papst die Pille im Vatikan verkaufen. Und auch Westerwelle glaubte, dass ihm durch Japan die Felle in Baden-Württemberg und Rheinland-Pfalz davonschwimmen würden. Da kam ihm Libyen gerade recht. 2002 hatte er noch Gerhard Schröder wegen seines Neins zum Irakkrieg vorgeworfen, er würde das Ende der Anti-Terror-Allianz herbeiführen und Deutschland isolieren, nun setzte er selbst auf die friedenspolitische Karte, isolierte Deutschland und enthielt sich im UN-Sicherheitsrat der Stimme gegen den Völkermord. Mittlerweile waren in Deutschland das Leid und der Schrecken in der Welt so sehr instrumentalisiert und personell vermischt, dass man kaum noch Raum fand, Anteil an den wahren Schicksalen zu nehmen. Man sah nur noch die Bilder der Instrumentalisten. Und auch, dass sich die Erde seit dem Beben schneller drehte und die Menschen jeden Tag schneller alterten, fiel den Nur-um-sich-selbst-Drehenden gar nicht auf …

Es gab schon einmal einen Chronisten, den »Hyperion« von Hölderlin, der das Leben in Deutschland nicht ertragen konnte und aus Griechenland seinem deutschen Freund schrieb: »Ich sage dir: es ist nichts Heiliges, was nicht entheiligt, nicht zum ärmlichen Behelf herabgewürdigt ist bei diesem Volk, und was selbst unter Wilden göttlich rein sich meist erhält, das treiben diese allberechnenden Barbaren, wie man so ein Handwerk treibt, und können es nicht anders, denn wo einmal ein menschlich Wesen abgerichtet ist, da dient es seinem Zweck, da sucht es seinen Nutzen ...«

Man müsste eigentlich diesen Hölderlin-Text in jeder deutschen Nachrichtensendung oder Talkshow als Laufband senden (Breaking News!). Oder auf dem nächsten Parteitag der FDP immer wieder dazwischenrufen, wenn all die Lindners und Röslers ihren Nutzen suchen.

Letzte Woche sah ich Hölderlin in Gestalt von Gerhart Baum in einer dieser Talkshows. Er saß da wie der letzte Sozialethiker der Liberalen neben einem dieser jungen, allberechnenden FDP-Abgerichteten in Schlips und schnittiger Frisur. Wenn Baum die geistige Kraft seiner Partei zurückforderte, sprachen die anderen über Personalien. Wenn Baum sagte, dass man sich als Liberaler auch zur Globalisierung oder dem Internet verhalten solle, sprachen die anderen über Personalien. Und manchmal, wenn Baum unterbrochen wurde, schien es, als habe er Tränen in den Augen.

13

Kinski hätte da nicht mitgemacht! / Über Hype – Ein Abend im Berliner Club der Piraten

Dezember, 2011

Ich habe mir mein Palästinensertuch umgebunden und bin nach Neukölln ins *Squad Kinski* gefahren. Wenn man von draußen durch die verstaubten Scheiben schaut, sieht man halbdunkle Räume, sperrmüllartige Sessel und überall Klaus Kinski an den Wänden; Kinski war ja vermutlich der wahnsinnigste und anarchistischste Schauspieler des 20. Jahrhunderts.

Es ist Dienstag. Dienstags treffen sich hier die Piraten, die Partei der Stunde, die sogar nun in Berlin im Preußischen Parlament die Oppositionsbank drückt.

»Wo ist dein Computer?«, fragt ein Mann als Erstes, er sitzt ganz allein in einem der tiefen Sessel mit einer Flasche Bier.

»Braucht man denn hier einen Computer?«, frage ich vorsichtig zurück.

»Ich habe auch keinen«, antwortet der Mann und hebt sein Bier, als wollte er drauf anstoßen, obwohl ich noch gar keine Flasche in der Hand habe. »Letzte Woche«, erzählt er weiter, »da war ich auch hier, da hatten alle Computer, und da habe ich mir vorgenommen, dass ich der erste Pirat ohne Computer werde.«

Siegfried, »Siggi«, wie er sich vorstellt, kommt aus Hessen, ist um die 50 und hat langes silbergraues Haar, er sieht ein bisschen aus wie Rainer Langhans aus der Kommune 1. Siggi hat die vergangenen zehn Jahre auf dem

Land in Ungarn gelebt, bis ihm das Geld ausging, dann kam er nach Berlin. Und als die Piratenpartei im September bei den Wahlen zum Abgeordnetenhaus von Berlin 8,9 Prozent der Stimmen erhielt, entschied sich Siggi, Kontakt aufzunehmen und zu den Clubabenden der Piraten zu gehen. »Es muss sich etwas ändern, und ich möchte mitmachen in der Politik«, erklärt er, dann geht die Tür auf, und sieben Piraten betreten das *Kinski*.

Um mich vorzubereiten, habe ich mir im Internet einen Piratenauftritt im Abgeordnetenhaus angesehen. Da gab es in der zweiten Plenarsitzung eine »Große Anfrage« zu den Schultrojanern und den Schülerdatenbanken, vorgetragen von dem Abgeordneten Christopher Lauer, einem jungen Mann aus dem Hunsrück, der in Berlin an der Technischen Universität studiert. Lauer hatte einen Dreitagebart und trug eine Wim-Wenders-Brille, aber seine Rede war eher eine Mischung aus Joschka Fischer und Lady Gaga.

Einmal sagte er dem Bildungssenator Zöllner, er solle ihn nicht »anpimmeln«, dann sprach er von einer Zöllner-Aussage als »ganz großes Tennis«; dann am Ende, als er wieder von Abgeordneten unterbrochen und »angepimmelt« wurde, kritisierte er sogar die Disziplin im Preußischen Landtag, obwohl ich mittlerweile eher damit gerechnet hatte, dass zum Abschluss seiner Rede die Revolution ausbrechen würde.

Beeindruckt war ich auch von der Piratenhomepage »Wiki« und der sogenannten Liquid Democracy, »einer digitalen Revolution ohne Blutvergießen«, wie es deren Initiatoren bei der Vorstellung ihrer Liquid-Democracy-Idee verkündeten. Die repräsentative Demokratie sei am Ende und könne jetzt von der »flüssigen Demokratie« ersetzt werden. »Flüssige Demokratie« mochte ich sofort, das klingt nach Bewegung, nach Veränderung. Dann las ich auf »Wiki« noch folgende Parteiprogrammpunkte: freier Zugang zu allen Daten im Internet, freier Zugang zum Nahverkehr, Legalisierung der Suchtmittel.

Das sind zumindest konkrete Ansagen, wahrscheinlich stapeln sich in den Hinterzimmern vom *Kinski* die Cannabis-Produkte.

»Möchte jemand eine Einführung?«, fragt Michael, einer der sieben Piraten aus Neukölln, die eben eingetreten sind.

»Ja«, sagt Siggi, und dann sitzen uns plötzlich fünf der Piraten frontal gegenüber, ebenfalls in tiefen Sesseln. Michael fängt sofort mit der piratentypischen Unterscheidung von »Squads« und »Crews« an: Eine »Crew« sei eine sich selbst organisierende Einheit und umfasse fünf bis sieben Piraten. Wenn es mehr würden, teile sich die Crew in zwei Crews auf, wobei jedes Crewmitglied auch mehreren Squads angehören könne, es gebe Struktursquads, Themensquads, Projektsquads …«

»Das versteht ja kein Mensch!«, ruft Siggi dazwischen, »Squad, Squad, Squad … Was soll denn das heißen, man kann doch auch deutsch sprechen?«

Während die anderen vier Piraten die Augen verdrehen, erklärt Michael ganz ruhig weiter. Er spricht mit sanfter Stimme und sieht in seiner Bundfaltenhose und dem ordentlichen Pulli gar nicht aus wie ein Pirat, sondern eher wie ein Biologe, der über die Familien von Hühnervögeln doziert, über Großfußhühner, Hokkohühner, Perlhühner. Jede Crew, also Gruppe, habe einen »Ankerplatz«, wo sie sich treffe, und eine »Wiki-Seite mit Crewmailinglisten«.

»Und wie bekomme ich die, diese Crewmailinglisten?«, fragt eine Frau, die dazugekommen ist. Sie ist erst seit gestern Neupiratin und hat sich nun ebenfalls zur Einführung in einen der tiefen Sessel gesetzt.

»Die beantragst du bei Techtalk«, antwortet ein Pirat, der auf der Heizung Platz genommen hat. »Den Rest kannst du dann online den Navigator fragen.«

»Und wie funktioniert das mit Liquid Feedback?«, fragt sie weiter.

Siggi sitzt schon auf der Kante des Sessels, jetzt springt er auf: »Mir reicht's! Jetzt reden wir mal über Griechenland! Wie lösen wir das in Griechenland?«

Ich selbst rutsche immer tiefer in den Sessel und stecke mir aus lauter Verlegenheit eine Zigarette an.

»Hier ist Rauchverbot«, sagt ein Pirat, der locker an der Wand lehnt.

Ich laufe mit der Zigarette panisch auf die Ausgangstür zu, die sich im selben Moment öffnet. Ein Mann mit Parker, Tüten und einem Flugblatt tritt über die Schwelle.

»Wir müssen gegen den Stromkonzern Vattenfall kämpfen!«, sagt er. »Ich komme aus der Lausitz, das Kraftwerk Schwarze Pumpe verseucht unsere Böden mit CO_2!«

Ich drücke meine Zigarette sofort am Türrahmen aus, Siggi wiederholt seine Frage, was aus Griechenland werde, während der Crew-Michael dem CO_2-Gegner aus der Lausitz erklärt, dass dies am besten etwas für einen thematischen Squad sei. Als dann auch noch ein Journalist der *New York Times* das *Kinski* betritt, gehe ich auf die Toilette.

Grundsätzlich interessieren mich die Piraten, ich muss mich nur wieder beruhigen und sammeln, sage ich mir. Finanzkrise, Bankenkrise, die ständige Regierungskrise, nun auch noch die Verfassungsschutzkrise, ganz abgesehen von der Verbraucherschutzkrise, der Umweltschutzkrise – wo soll das Vertrauen denn noch herkommen? Und dann alle vier Jahre über Pakete entscheiden, bei denen man die Frauenquote eventuell nur zusammen mit der Pkw-Maut bekommt oder eine Steuersenkung nur mit einem Außenminister Westerwelle? Grundsätzlich also verstehe ich, warum sich 130 000 Menschen in Berlin nach einer direkteren und ursprünglicheren Form der Demokratie sehnten und die Piraten wählten.

Nur wieso bekomme ich schon nach 15 Minuten im *Kinski* diese perverse Sehnsucht nach Bürokratie? Nach ordentlichen Gremien, in denen man Tagesordnungspunkte abzuarbeiten hat?

Ich denke, dass jetzt vielleicht Liquid Democracy helfen könnte, und versuche, mich noch auf der Toilette mit dem iPhone bei der Liquid-Software »Adhocracy« oder »Votorola« einzuloggen, da darf ich nämlich als Nicht-Pirat rein. Ich nehme Votorola und komme auf »Welcome to our pollwiki«. Ich klicke auf Pollwiki und komme auf »de – Germany«, und es erscheint eine Seite mit »Abstimmungen«, darunter »Polizeigesetz WEG«. Ich klicke auf »De/p/PE«, weil man »Polizeigesetz WEG« nicht anklicken kann, und dann erscheint »This poll has no positions«. Ich klicke mich wieder zurück und dann unter »Polizeigesetz WEG« auf »Lehrmittel veröffentlichen«: Nur ein einziger Eintrag von User »Consensus89-ymail.com«. Danach versuche ich es über »Adhocracy« und lande bei den »Piraten Trier/Trier-Saarburg« und dem »Kommunalwahlprogramm«.

Was soll ich denn jetzt in Trier/Trier-Saarburg?

Irgendwann klicke ich auf »IRC«, dem Webchat der Piraten auf »freenode.net«, doch ich komme nicht rein, ich soll bei »AG Chat« für meinen »Cloak« eine »Piraten-Hostmark« besorgen …

Offen gestanden habe ich mir die neue Staatsform etwas einfacher vorgestellt.

Auf der Toilettentür steht noch ein anderer Link: www.psychiatrie-erfahrene.de, und ich denke, das muss ich jetzt nicht anklicken.

In der Bar hat sich die Crew oder der Squad zersplittert. Die Neupiratin unterhält sich mit dem Piraten, der ihr bei den Mailinglisten weitergeholfen hat. Der Mann gegen den CO_2-Ausstoß in der Lausitz ist weg.

Der *New York Times*-Journalist interviewt den Barkeeper. Nur Siggi sitzt ganz allein auf einem Hocker, während Michael im Sessel geduldig mit seiner Einführung fortfährt. »Es gibt in unserer Partei Wünschies und Machies«, erklärte er, »die einen, die immer nur sagen, was passieren soll, und die anderen, die versuchen, es umzusetzen.«

Das klingt ja wie bei den Grünen, denke ich. Die Grünen zogen ins Parlament und strickten und stillten, die Piraten ziehen ins Parlament und hacken und tippen, aber bei beiden gab es ganz schnell Wünschies und Machies. Nur wer setzt sich durch? Und was macht man mit den ganzen Wünschen der Menschen, die sie wählten? Ja, wie soll überhaupt eine junge Partei damit fertigwerden, ein politisches Vakuum zu füllen, in das nun alle, die etwas anderes wollen, ihre Sehnsüchte projizieren, und worauf der Medienhype auch noch seine Scheinwerfer richtet?

Als ich im November auf der Berliner Occupy-Demonstration war, geriet ich in einen Streit zwischen einem Occupy-Aktivisten und einem Gewerkschafter von ver.di. Der Occupy-Aktivist beschimpfte den ver.di-Mann, er solle verschwinden, dies sei ihre Bewegung, nicht die von ver.di oder der Linken. Der ver.di-Mann war ganz aufgebracht und sagte, er würde doch auch für Gerechtigkeit kämpfen, zum Beispiel für den Kündigungsschutz. Die Diskussion endete unversöhnlich.

Wem also gehört die Bewegung? Muss sich die Occupy-Bewegung rein halten, um sie selbst zu bleiben, genauso wie es die Piraten vielleicht müssen, um Piraten zu bleiben? Wenn die neue Demokratisierung tatsächlich eine radikale Nutzung und vor allem Beherrschung des Internets erfordert – dann können wohl nicht alle mitgenommen werden? Das hieße: Die Piraten wären auch eine Ausgrenzungspartei, die sogar jetzt schon viele der Neupiraten ausgrenzt, weil diese technisch gar nicht in der Lage sind, in die Mailinglisten zu kommen beziehungsweise nicht wissen, welche überhaupt die richtige ist. Angeblich beteiligen sich nur zehn Prozent der Berliner Piraten an Liquid Feedback.

Es kann aber auch sein, dass die Piraten einfach Geduld haben müssen, bis wir eine Gesellschaft aus politisierten Software-Entwicklern oder revolutionären Systemadministratoren und Informationstechnikern geworden sind, immerhin werden diese Berufsstände nun durch die halbe Piratenfraktion im Preußischen Landtag repräsentiert.

Trotzdem sitzt diese Fraktion ja immer noch in einem analogen Parlament, in das sie zwar auch ihren Rechner mitbringt, in dem sie aber noch hauptsächlich sprechen muss.

Darum habe ich mir nach dem Abend im *Kinski* noch einmal die Rede von Christopher Lauer auf YouTube angesehen. Einerseits war Lauers Rede holprig, dilettantisch, unverständlich. Er nuschelte manchmal wie ein Nerd etwas von irgendwelchen »jay-pack-solutions« und »Digitalisaten«. Andererseits tastete er sich schon heran an den rhetorischen, selbstgerecht austeilenden, medial wirksamen und vor allem: wiedererkennbaren Politiker-Gestus, wobei er auch, wie einst Gerhard Schröder, die Ränder seines Manuskripts streichelte.

Eigentlich war in dieser Rede schon alles enthalten, was die Zukunft den Piraten an Fragen bringen wird: Bleiben sie sich treu in ihrer digitalisierten, post-charismatischen Welt und hoffen, dass sich all die kommenden Wähler immer mehr als digitale Spezialisten erweisen werden?

Oder nutzen einige die geschenkte Macht, um nun genau das zu tun, was schon andere taten – Karriere machen? Und dabei vielleicht ein bisschen die Welt verändern.

14

Gedanken übers deutsche Schreddern / Bewusstseinsschreddern!

November, 2012

»NOCH MEHR NEONAZI-AKTEN IN BERLIN GESCHREDDERT«, las meine Freundin aus İstanbul letzte Woche in der Zeitung.

»Was bedeutet *geschreddert?*«, fragte sie.

Wir wollten eigentlich die Länderspiele Türkei gegen Dänemark und Deutschland gegen Holland synchron in einem Wettbüro am Kottbusser Tor anschauen, darum antwortete ich ganz knapp. »Das bedeutet, dass man etwas zerkleinert«, ich wusste schon, dass ich mich gleich wahrscheinlich wieder für mein Land würde schämen müssen, und fügte hinzu: »Es werden in der industriellen Tierhaltung übrigens auch ausgesonderte Hahnenküken geschreddert und zu Tiermehl verarbeitet, das finde ich am furchtbarsten: zermahlene, zerriebene, zerrissene, zertrümmerte oder zerschnittene Hahnenküken, aus solchem Schreddern ist dann auch BSE entstanden. Wie gut, dass wir gerade nur eine Falafel essen!«

»Küken und Neonazi-Akten *schreddern* ist beides schlimm«, sagte sie und hielt mir die Zeitung vor die Nase. »Ihr Deutschen hebt doch sonst immer alles auf. Warum nicht diese Akten?«

Sie hatte natürlich recht. Wir Deutschen heben wirklich alles auf, nur eben keine ausgesonderten Hahnenküken und Neonazi-Akten. Jeden Parkschein, den ich bei der Steuererklärung einreiche, muss ich zehn Jahre lang aufheben, aber der Verfassungsschutz vernichtet mir nichts, dir nichts verfassungsschutzrelevante Akten über rechtsextreme Netzwerke, die auch in den Ermittlungen gegen die Zwickauer Zelle eine Rolle spielen und die vielleicht in einem Bezug zum Nationalsozialistischen Untergrund NSU stehen, der acht türkischstämmige und einen griechischen Kleinunternehmer serienmäßig zwischen den Jahren 2000 und 2006 hinrichtete: einen Blumenhändler, einen Änderungsschneider und einen Imbiss-Besitzer in Nürnberg, einen Kiosk-Besitzer in Dortmund, zwei Obst- und Gemüsehändler in Hamburg und München, einen Dönerverkäufer in Rostock, einen Internetcafé-Betreiber in Kassel und einen Schlüsseldienst-Mitinhaber in München, alle erschossen mit einer Militärpistole mit Schalldämpfer.

Die Türkei war gerade in Führung gegangen. »Tor!«, rief ich meiner Freundin aus İstanbul zu, aber sie ließ nicht locker. »Warum wolltest du zur Eröffnung der neuen türkischen Botschaft gehen?«

»Weil ich dachte, du freust dich, wenn ich mich für dein Land interessiere«, antwortete ich.

»Warum schreiben deine Kollegen, wie toll und schön die Ornamente in der neuen Botschaft sind und dass Erdoğan und Westerwelle über den EU-Beitritt geredet haben, aber niemand schreibt über den Hungerstreik der Kurden und dass Erdoğan in der Türkei die Todesstrafe einführen will?«

»Die Todesstrafe?«, fragte ich entsetzt.

»Ja! Schreibt ihr aber nicht, weil ihr Ornamentsjournalisten seid und durch die Brille der Politiker guckt, die sogar die Todesstrafe schlucken, wenn man ansonsten schön zusammen Marktwirtschaft machen kann.«

»Ornamentsjournalisten? Moment mal«, sagte ich. »Beim Verfassungsschutz habe ich zugegebenermaßen meine Zweifel, aber der politische Journalismus in Deutschland ist unabhängig.«

»Und warum berichtet keiner, was mit den Kurden in den Gefängnissen passiert?«

»Darüber wird berichtet, aber nicht mehr so viel.«

»Wer auch nur ein Wort über die Ornamente in der türkischen Botschaft verliert, ist ein zynischer, kalter Journalist!«

»Die Kollegen sind nicht kalt, die sind nur müde. Das Kurdenthema gibt es schon eine Ewigkeit, solche Themen kommen leider irgendwann in so eine Art Bewusstseinsschredder. Wir alle haben solche Schredder im Kopf, um vor lauter Krisen trotzdem leben zu können.«

»Ach so«, sagte sie. »Die Nazis sind auch so ein ewiges Thema, und deshalb muss man die Akten schreddern?«

»Nein, aber je mehr und schneller die Journalisten Schlimmes herausfinden, umso mehr und schneller müssen wir den Bewusstseinsschredder anmachen, sonst platzen wir. Politiker auch. Westerwelle oder Merkel könnten ohne Bewusstseinsschredder gar nicht nach China oder Russland reisen oder mit Erdoğan reden. So ein alter Hut wie BSE zum Beispiel ist längst im Bewusstseinsschredder wie diese langweilige Erderwärmung oder dieses ewige Kurdenthema.«

»Das ist schrecklich«, sagte sie. »Mit deinem Bewusstseinsschredder geht die Welt zugrunde.«

»Wahrscheinlich«, sagte ich.

Wenn wir jetzt noch unser Bewusstsein über den Bewusstseinsschredder schreddern, dachte ich, dann könnten wir in Ruhe die Spiele gucken.

15

Ach, Deutschland ... / Aus der Ausländerbehörde im Wedding

Juni, 2012

Ich habe meine Freundin aus İstanbul in die Ausländerbehörde im Wedding begleitet, Landesamt für Bürger- und Ordnungsangelegenheiten, LABO abgekürzt.

Anstellen um 6.30 Uhr. Einlass um 7 Uhr. Warten bis 13.30 Uhr in Haus C, Abteilung Z7, im Warteraum C64 mit festgeschraubten Eisenstühlen vor einer kalkweißen Wand und der grauen Tür von Zimmer 212. Neben der Tür: eine verdorrte Yuccapalme und ein Nummernautomat.

Auf die riesige Anzeigetafel neben dem Automaten starrten Afrikaner, Asiaten, Amerikaner und Menschen aus Ozeanien. Auf der Anzeigetafel leuchtete 138, 768 oder 934 auf, aber offenbar hatte keiner eine passende Nummer, es passierte einfach nichts. Um 14 Uhr schloss das LABO, und alle mussten nach Hause gehen.

»Let's come back tomorrow«, sagte ich.

»Are you sure?«, antwortete meine Freundin aus İstanbul. Sie könne auch jemanden anderen bitten.

»No, no«, sagte ich. »I like this LABO.«

»You like Kafka«, sagte sie.

Am nächsten Tag tauchte nach drei Stunden ein kleiner Junge im Warteraum von Z7 auf. Erst dachte ich, das sei eine dramatische Erscheinung, der Junge aus »Warten auf Godot«, der erklärt, dass Godot morgen ganz bestimmt komme, doch der Junge hielt eine irische Fahne in der Hand und setzte sich zu seiner Mutter.

»It's not because of Kafka«, flüsterte ich. »It's because of Schland. Here in LABO, there is, thank Goodness, no Schland!«

»SCHLAND?«, fragte sie.

Es war der Tag des zweiten deutschen Gruppenspiels bei der Fußball-EM, und die Ausländerbehörde schien der einzige Ort zu sein, an dem man keine Deutschlandfahnen sah, keine Deutschlandtrikots, keine Deutschlandwangen. Garantiert hatte hier auch keiner Deutschlandautospiegel oder seinen Balkon in einen dieser Deutschlandbalkone verwandelt.

Am Abend sah ich das Spiel mit 2000 Menschen am Postbahnhof im Quartier des Magazins *11 Freunde*. Nach dem Spiel warf mir ein *11-Freunde*-Gast einen Chinaböller vor die Füße, danach gab es einen widerlichen Knall.

»Warum machst du das?«, fragte ich.

»SCHLAND!!«, schrie er.

»Ach so«, antwortete ich. Am liebsten aber hätte ich ihm eins auf die Schlandnuss gegeben. Unfassbar, so ein Superböller explodiert mit einer Lautstärke von 120 Dezibel, ein deutsches Kaninchen fällt dabei tot um!

Später sah ich dann in der ARD »Waldis EM-Club« aus einem Studio mit 2000 Zuschauern, die genauso aussahen wie die Menschen bei *11 Freunde*. Sie grölten ständig dazwischen, sodass auch die Studiogäste in ihren Aussagen immer lauter, böllernder und schlandmäßiger wurden, damit sie von den Schlandmenschen nicht ausgepfiffen wurden.

Am nächsten Tag beobachtete ich vom Balkon aus, wie ein Mann an seinem Auto arbeitete. Er hatte schon zwei Fahnen hinten montiert, aber jetzt kniete er vor seinem Automobil und klebte akribisch und mit einem Höchstmaß an Konzentration eine Deutschlandfolie auf den Tankdeckel, wobei er ein kleines Stück seiner Zunge seitlich herauspresste. Die Tatsache, dass die Folie offenbar millimetergenau auf den Tankdeckel passte, schien den Mann zu ergötzen.

Diese gepresste Freude mit der wurstartigen Zunge und der Deutschlandtankdeckelfolie ist für mich zum Symbol dieser Schlandwochen geworden, die man als fußballliebender Purist vermutlich in Zukunft weit, weit weg verbringen muss.

ZUMWINKELN! WE HAVE THE BONI, YOU HAVE THE CRASH

(Grundsätzliches zur Farce)

1

Zumwinkeln bis der Vorhang fällt / Über die Farce als höhere Gesellschaftsform (Bestandsaufnahme von einem der unmoralischsten Jahre der neueren Zeitrechnung)

März, 2009

Die Farce ist im Theater eine Art Komödie, die das Ziel hat, den Zuschauer durch die Darstellung von möglichen, aber eher unwahrscheinlichen und völlig überspitzen Szenen zu unterhalten. Meist ist es so, dass eine Grenze überschritten wird und die Themenkomplexe Untreue, Lüge, Verfall der Sitten im Zentrum stehen.

Der Ort der Farce ist in der Regel ein Gesellschaftsraum, ein Familienraum, ein Büro, ein Hotel, ein Sanatorium, ein Café etc., in den auch Akteure aus dem gehobenen Milieu treten. Es geht zum Beispiel die Tür auf, und ein Mann aus einer Bank kommt herein, ein Banker also, die Farce eignet sich sehr gut für den Auftritt des Bankers, weil sie nämlich gegenüber unmoralischen Verstößen sehr tolerant ist.

In der Farce herrscht ein schnelles Tempo, das im Verlauf des Stückes noch schneller wird, und der Gesellschaftsraum hat auch nicht nur eine Tür, sondern viele Türen, es kommen also ständig Leute herein – sagen wir viele Banker, auch viele Automanager.

Volksvertreter treten auch auf. Der eine, ein sächsischer Landtagsabgeordneter der CDU, hat den Auftrag, dafür zu sorgen, dass unsere Jugend trotz neuer Medien moralisch aufwächst, guckt aber selbst ständig Kinderpornos; der Nächste kommt durch die gegenüberliegende Tür, er ist Landesgeschäftsführer der CDU-Mittelstandsvereinigung und in den Drogenhandel eingestiegen; als der Nächste hereinkommt, sieht man einen Ministerpräsidenten aus dem Freistaat Thüringen mit Skistöcken, der gerade aus ungeklärten Gründen eine Frau zu Tode gefahren hat, aber weiterregieren will. (The show must go on.)

Das sind aber auch wirklich extrem farcenhafte Überspitzungen und eher unwahrscheinlich. Außerdem sind schon so viele Banker und Automanager (Volkswagen, BMW, Mercedes ...) und mittlerweile auch milliardenschwere Familienunternehmer und Autozulieferer im Raum (sowie die Lufthansa, die Allianz-Versicherung etc.), dass die Porno-, Drogen- und Todes-Volksvertreter gar nicht mehr auffallen, ganz zu schweigen von denen, die Steuerhinterziehung betrieben haben und unbequeme Journalisten aus dem Amt jagen wollen, oder von den katholischen Kirchenvertretern, die auch in den Gesellschaftsraum eingetreten sind und immer noch, wenn sie nicht gerade Knaben penetrieren, seelenruhig darauf warten, dass ihre Brüder sich mal ein bisschen über die Gaskammern im Holocaust informieren.

Die Schaeffler-AG, die Telekom, die Deutsche Bahn oder Lidl mit ihren schnüffel- und stasiartigen Spitzelaffären nehmen ebenfalls an der Farce teil, sind aber im Gesellschaftsraum in den Hintergrund gedrängt worden von den ganzen Bankern, die ihre Probleme am lautesten vortragen. Merkwürdigerweise haben einige von ihnen trotz ihres Schlamassels Sonderboni-Zahlungen in der Hand, zum Beispiel halten die zehn Postbank-Vorstandsmitglieder 16,2 Millionen Euro in der geballten Faust, bei gleichzeitigem Verlust der Postbank von 811 Millionen Euro. (We have the boni, you have the crash!)

Einer will jetzt zusätzlich noch die Rolle des Helden übernehmen und nur für einen symbolischen Euro arbeiten, was man ja auch sehr gut kann mit dem Sonderbonus, den komischerweise Aufsichtsräte genehmigten, die zugleich in unserem Finanz- und Wirtschaftsministerium sitzen. Mein Gott, da ist einiges los hinter den Kulissen.

Die Farce zeigt den Menschen in allen Bereichen als egoistisch, korrupt, stereotyp und sogar irrational, was uns ein anderer Banker zur Anschauung bringt, der gerade ein Unternehmen mit dem schönen Namen Hypo Real Estate gegen die Wand gefahren hat. Vorsichtigen Schätzungen nach wird dies den Zuschauer der Farce über 100 Milliarden kosten, aber Scham kennt die Farce nicht, im Gegenteil: der Hypo-Mann will 3,5 Millionen mehr Lohn einklagen und tritt mit vielen guten Anwälten an die Rampe.

So etwas kann man nur kapieren, wenn man weiß, was

gespielt wird. Absurdität und völliger Widersinn sind Wesen der Farce, und es erinnert auch an Karl Marx, der sagte, Weltgeschichte würde sich stets zweimal ereignen, einmal als Tragödie (siehe 1929) und einmal als Farce (2009).

Vor allem ist es in der Farce nicht üblich, über die Geschehnisse sonderlich lang zu räsonieren. Bloß nicht nachdenken! Dafür ist keine Zeit, und dafür gehen auch ständig zu viele Türen auf.

Besonders wartet man darauf, dass eine Tür aufgeht und der Retter, der Kanzlerkandidat, hereinkommt. Oder die Retterin (Miss Marple oder Miss Merkel). Für die Bankmänner war sie schon da, aber die wollen mehr. (Bankmänner wollen immer mehr. Darum senken sie auch nicht die Kreditzinsen, sondern nur die Sparzinsen, obwohl das gar nicht im Sinne des Leitzins ist, aber warum sollten sie ausgerechnet jetzt, wo sich neue Quellen auftun, zurückstehen? Schließlich sind sie ja auch das System, und wer ihnen nichts gibt, der stellt doch das System infrage, oder? Aber wie gesagt: Für solche Überlegungen hat die Farce eigentlich überhaupt keine Zeit.)

Wir warten also gespannt auf die Retterin oder den Retter. Und die kommen auch irgendwann. Beide gleichzeitig. Das wirklich Seltsame an dieser Farce ist nämlich, dass die Retterin und der Retter bisher zusammenregierten (Große Koalition) und nun um die Wette retten, aber nicht, weil sie die anderen so gerne retten würden, sondern weil sie auch sich selbst retten müssen, jeder für sich.

Das ist eigentlich das Oberabsurde an dieser Farce: Retter und Retterin arbeiten in einer immer absurderen Koalition zusammen, müssen aber nun laut Terminplan gegeneinander zusammenarbeiten, also gegeneinander das Land retten. (Wenn man »Land« sagt, meint man erst einmal die Banken!) Die beiden vereinten Konkurrenten sitzen beim Retten jeder für sich taktierend hinter den Kulissen und rennen irgendwann mit Pauken und Trompeten in den Raum, wahrscheinlich sogar gleichzeitig durch eine Tür, sodass das ganze Bühnenbild wackelt.

Eine Komödie? Ja, auch eine Komödie. Nach Alan Ayckbourn zeigt die Komödie überspitzte Figuren in realen Situationen und die Farce reale Figuren in überspitzten Situationen. Momentan haben wir alles vermischt: reale Figuren in überspitzten Situationen, die aber so real sind, dass die Figuren alle überspitzt reagieren. So ist die Lage in Deutschland.

Wie endet eine Komödienfarce? Meist ist es so, dass es für diejenigen, die sich untreu oder kriminell verhalten haben, gut ausgeht.

Man nennt das in der neueren Komödienfarce »Zumwinkeln« von Klaus Zumwinkel, so heißt eine Figur, ehemals Vorstandsvorsitzender der Deutschen Post AG. Diese reale Figur hat 1 Million Euro Steuern »hinterzumwinkelt« und sich danach noch (überspitzte) Pensionsansprüche über 20 Millionen Euro von der Deutschen Post auszahlen bzw. »überzumwinkeln« lassen.

Die Farce »zumwinkelt« also alles so hin, dass wir am Ende von einem »Happy End« sprechen können. Allerdings nur für die Figuren, die in der schönen Komödienfarce mitspielen dürfen.

Die anderen, die kleineren Leute, die müssen zugucken und sich dabei überlegen, warum es auf dieser Bühne eigentlich keine guten Vor- oder Leitbilder mehr gibt und warum sie nicht einmal mehr anständige Mini-Kredite bekommen, um überhaupt überleben zu können.

Das sind dann schon eher wirkliche Trauerspiele oder

schwere Tragödien. Und ob ihnen Karl Marx helfen wird, das bleibt offen.

Der Rest spielt Ego-Shooter oder kümmert sich um seine Abwrackprämie.

2

Kleines Sittenbild auf großer Yacht / Fortsetzung der Farce

September, 2010

Es war in einer Hafenbar in Saint-Tropez. Auf den Yachten feierten Gesellschaften, und die Touristen standen unten am Steg und sahen zu, wie die Yachtmenschen feierten. Hin und wieder sahen auch die Yachtmenschen nach unten, um zu beobachten, ob sie wiederum von den Landmenschen beobachtet wurden.

Auf einer Yacht, die aussah wie eine Mischung aus einem Kriegsschiff und einer überdimensionalen Viagrakapsel, feierte eine Kreditbank den Abschluss eines Poloturniers.

»Spielt nicht Sarkozy auch Polo?«, fragte ich den Kellner der Hafenbar.

»Oui, oui«, sagte er, und mich würde auch nicht wundern, dachte ich, wenn gleich aus dem Yachtinneren das Vorstandsmitglied der Bundesbank, Thilo Sarrazin, Bestseller-Autor des rassistischen Buchs »Deutschland schafft sich ab«, mit weiteren polospielenden Vertretern der Bundesbank und des Bundespräsidialamtes hervortreten würde.

Auf so eine Yacht zu starren, verursacht ja wirklich den schlimmsten Gesellschaftsekel.

Plötzlich stellte ich mir die Atomlobby mit Bundeskanzlerin Angela Merkel im Yachtinneren vor. Oder Westerwelle von der FDP mit der Hotellobby, Alice Schwarzer vom Frauenmagazin *Emma* mit der *Bild*-Zeitung und Kachelmann, den wegen Verdachts der Vergewaltigung angeklagten Moderator der Wettervorhersagen! Oben an Deck stoßen Anne Will (Talkshow), Maybrit Illner (Talkshow), Beckmann (Talkshow) mit Sarrazin auf die gemeinsame Quote an. Zwischendurch stößt Sigmar Gabriel von der SPD Sarrazin ins Hafenbecken, aber Peer Steinbrück von der SPD fischt ihn immer wieder heraus, bis allmählich deutlich wird, dass sich eigentlich Gabriel und Steinbrück gegenseitig von Bord ins Hafenbecken stoßen müssten, es geht um die ersten Signale für die SPD-Kanzlerkandidatur.

Das seltsamste Bild: Der Bundespräsident Wulff steht am Steuer der Yacht und will steuern, bis er merkt, dass es auf so einer Gesellschaftsyacht überhaupt kein richtiges Steuer gibt, das ist nur eine Attrappe, genau wie er.

Spätestens bei diesem Bild müsste man eigentlich schreiend den Hafen verlassen und sich fragen, ob es überhaupt noch so etwas wie eine Führung in unserem Land gibt, von der moralischen oder geistigen ganz zu schweigen …

Die gesamte politische Klasse machte erst den doppelten Pawlow vor ein paar idiotischen Biologieaussagen eines Wichtigtuers, der mit seinem Buch allein die Statistiken auf seiner Seite hatte, und dann diskutierte man wochenlang. Aber worüber eigentlich?

Keinen Tag ohne diesen Sarrazin, mit dem die Talkshows nach außen so taten, als würden sie ihren Auftrag erfüllen, aber in Wahrheit bliesen sie ihren Sarrazin zum gut verkäuflichen Mini-Hitler auf, er war ihr absoluter Quotenkönig, und für die Quote schien ihnen alles recht, auch die irren Verkaufszahlen von Sarrazins Buch. Integrationspolitik? Bildungspolitik? Um Gottes willen, das hätte ja keiner ernsthaft sehen wollen! Nicht in einer einzigen Talkshow der zarte Hinweis, wie den Migrantenkindern überhaupt Deutsch beigebracht werden soll, wenn man in Berlin nicht einmal genügend Lehrkräfte mit Migrationshintergrund ausbildet. Stattdessen saß bei *Anne Will* eine 19-jährige Migrantin im Minirock und berichtete, mit wie vielen Deutschen sie schon geschlafen hatte, das war der Integrationssubtext.

Sarrazin und unsere Medien haben in diesem traurigen Spätsommer wirklich tolle Geschäfte gemacht. Darum sitzen die angeblichen TV-Aufklärer genauso auf der verlogenen Gesellschaftsyacht, deren Kapitänsattrappe für den Quotenkönig bei der Bundesbank auch noch eine höhere Pension aushandeln ließ. Das muss man sich mal vorstellen: Das Staatsoberhaupt sorgt sich um die Rente für den Quotenkönig, das ist so absurd wie folgerichtig, wenn man sieht, wie die Bundeskanzlerin sich seit dem Köhler-Rücktritt über alles hinwegsetzte, was einer Verfassung heilig sein müsste. Aber für Marionettenspiele sollte man dennoch irgendwie ein Feingefühl besitzen.

Nach irgendeinem Feingefühl kann man auf unserer Gesellschaftsyacht lange suchen. Alice Schwarzer, umrahmt von lauter – pardon – Riesentitten; dazwischen Frau zu Guttenberg im Kampf gegen Porno und Pädophile und Lady Gaga.

Solche irrsinnigen Allianzen werden wohl immer typischer für unsere große Gesellschaftsparty. Und wieso sollte man sich da über die verlängerten, zukunftsfeindlichen AKW-Laufzeiten wundern, wenn schon im August das Bundesumweltministerium ausgerechnet einen früheren Atommanager damit beauftragte, die entscheidende Sicherheitsanalyse für das geplante Endlager in Gorleben zu verfassen?

Atommanager mit Umweltsekretären, Banker mit Finanzsekretären, Frauenrechtlerinnen mit Sexverkäufern, Talkshowmacher mit ihrem selbst aufgeblasenen Mini-Hitler – sie alle sitzen zusammen auf der Yacht mit ihren AKWs, ihrer Hypo Real Estate Bank, ihrem Stuttgart 21, den Kachelmanns, Kampuschs, Pädophilen, Lady Gagas, katholischen Priestern etc. Und ich stelle mir vor, wie es wäre, wenn man respektvoll zu etwas aufschauen könnte in diesem Land. Wie schön es sein müsste, irgendwo Respekt zu empfinden.

Stattdessen warte ich jetzt ab, bis das ZDF sein »heute-journal« direkt von der Gesellschaftsyacht überträgt und Maybrit Illner sagt: »Wie soeben bekannt wurde, muss mein Mann und Telekom-Chef René Obermann, ernannt vom ehemaligen Aufsichtsratchef Klaus Zumwinkel, wegen Korruptionsverdacht in Untersuchungshaft. Ich finde das ungerecht. Wir haben gerade geheiratet.«

Danach sinkt das traurige Schiff, und die Kapitänsattrappe verteilt am Oberdeck noch Pensionen für alle, bevor es in die Tiefe geht. Nur Adolf Sauerland aus Duisburg – falls noch jemand weiß, wer das ist – entkommt mit einem kleinen Rettungsboot.

DIE VERRÜCKTEN WERDEN IMMER VERRÜCKTER

(Aus dem eigenen Betrieb)

1

Inferno / Über Buchmessen

Wie kann ein Schriftsteller eine Buchmesse verarbeiten?

Die Frühjahrsmesse in Leipzig zum Beispiel gilt noch als angenehm. Lichte, helle Korridore mit Glasüberdachung, Parkettfußboden, verkleidete Schüler, die in Kostümierung (Manga!) freien Eintritt haben – und eindeutig weniger Hallen als auf der Frankfurter Buchmesse, wo sich ein Schriftsteller circa 500000 brandaktuellen Neuerscheinungen ausgesetzt sieht. In Leipzig sind es weniger, und auch nur 1500 Autoren, man teilt sich also mit 1500 Kollegen 150000 Messebesucher, da hat jeder hundert für sich. Und mehr dürften es auch nicht sein, sonst dreht man durch.

Ein Autorenkollege sagte beim Frühstück am KiWi-Tisch: »Das Schlimmste sind die nicht zu Ende geführten Gespräche. Ich muss in der Nacht Schlaftabletten nehmen, damit ich die Gespräche nicht im Bett mit mir selbst zu Ende führe.«

Bei mir ist es eher so, dass ich auf der Messe Kokain nehmen müsste, um überhaupt Gespräche zu führen. Am meisten Kokain bräuchte ich bei Signierstunden.

»Sagen Sie mal, können Sie Ihren Namen nicht deutlicher schreiben?!«

»Äh ... Hm ... Aber so ist nun mal meine Unterschrift, das tut mir leid.«

»An Ihrer Stelle würde ich es mit Druckschrift machen. Ort und Datum jetzt bitte ordentlicher!« Und das alles auf Sächsisch.

Normalerweise müsste man sich ja freuen, dass jemand das eigene Buch kauft (und ich freu mich ja auch), aber was man beim Buchverkauf manchmal so erlebt.

»Schreiben Sie auf die letzte Seite ein Schlusswort!«

»Aber mein Buch hat doch schon einen *Schluss!*«

»Die letzte Seite ist aber frei, da können Sie jetzt noch eins reinschreiben, ich denke, Sie sind Schriftsteller?!«

Neue Romanschlüsse auf der Messe schreiben geht wirklich nicht. Auch das Vorlesen auf der Messe ist im Grunde Irrsinn. Schon bei einer normalen Lesung hat ein Schriftsteller riesige Ohren und hört alles: Fußschaben, Hüsteln, Tuscheln – und das Stuhlklappern und Tapsen beim vorzeitigen Verlassen der Lesung ist der schlimmste Krach für die Schriftstellerseele. Messe ist allerdings ein Inferno ...

»Sagen Sie mal *Rodin!* Sie haben das eben in der Lesung falsch ausgesprochen. Sprechen Sie nach: R o d i n !«

»Äh ... Wie bitte? Ich habe *Rodin* richtig ausgesprochen! Vielleicht hat das der ganze Hallenkrach verzerrt?

Außerdem musste ich gegen Nina Hagen und Karel Gott anlesen, Sie ostdeutsche Französischlehrerin!«

Man muss ja wirklich gegen alles anlesen, womit Menschen Krach machen können: Gott, Musikkapellen, Tombolas, Cappuccino-Maschinen, Werbetrailer. Und dann sind die Mehrzahl der 1500 Autorenkollegen ja eigentlich gar nicht mehr Autoren, sondern TV-Comedians, bei denen die Sachsen aufbrüllen wie bei Tokio Hotel.

Jeder Autor, ob er will oder nicht, wird hier zum Marktschreier, sogar die deutschen Lyriker. Nach außen brüllen sie ihre Sätze wie alle anderen, aber so, wie sie da zwischen den Pappwänden auf den Podien sitzen, würden sie wohl am liebsten aufspringen und endlich RUHE! befehlen, IHR SOLLT EUCH VERDAMMT NOCH MAL AUF MEIN TEXTGEBILDE EINLASSEN!

Vor ihnen schieben sich kostümierte fette, irgendwie unjapanische Manga-Schülerinnen vorbei. (Hat Sachsen eigentlich ein Ernährungsproblem?) Wie Herden ziehen die bunten Manga-Hintern durch die Korridore, und manchmal kommen ihnen die großen deutschen Feuilletonisten-Köpfe entgegen: Manga-Herden und Feuilletonisten-Hegeherden (Hegemann, Helene!) – dazwischen die brennenden Seelen der Autoren, halb Barton Fink, halb Rimbaud (»R r r e e m b a u d ! Sprechen Sie sofort nach!!).

Inferno …

2

»Sie schreiben wie Rainer Maria Rilke!« / Über den Zufallsgenerator und das Kulturgerenne

Kürzlich saß ich mit einem Lektor am Ende der Buchmesse in einer Frankfurter Hotellobby, vermutlich sahen wir beide aus wie diese geretteten Bergleute aus Chile. »Die Messe ist die Hölle«, sagte er leise. Er habe 42 Termine hinter sich, über die Hälfte davon seien total sinnlos gewesen, und das im grellen Licht der überfüllten, überhitzten Messehallen. »Dazu noch fünf Tage das herüberhallende Gerede der großen Zeitungsstände, wo Prominente von Rolf Töpperwien bis Martin Mosebach ihre Bücher vorstellen. »Und diese Nächte …«, seufzte er, da treffe man dann seine Termine wieder und erzähle sich noch mal das, was man sich schon am Tag erzählt habe: morgens ohne Sauerstoff, abends mit Alkohol.

Die meisten Verlagsmenschen erreicht man nach der Messe nicht mehr. Manche schleppen sich noch in die Paulskirche zum Friedenspreis, danach sind sie drei Wochen krank. Meine Lektorin – sie hatte hohes Fieber – schickte mir immerhin noch aus dem Bett einen Link zum »*FAZ*-Stiltest«. Solange sie krank sei, könne ich mich ja damit beschäftigen, fügte sie hinzu.

Im *FAZ*-Stiltest kann man einen Text schreiben, auf »analysieren« drücken, und eine Sekunde später sagt dann die *FAZ*, wie man schreibt – ob eher wie Kafka oder Charlotte Roche oder Hermann Hesse. Das Ganze basiert auf der Messmethode eines russischen Softwareentwicklers, und vielleicht ist ja so ein Test auch sicherer als zum Beispiel eine *FAZ*-Kritik am Sonntag von Volker Weidermann, bei lebendigen Kritikern spielen ja noch ganz andere menschliche Mechanismen eine Rolle, die wahrscheinlich bei einem russischen Softwareprogramm ausgeschlossen sind.

Ich habe dann einen Ausschnitt aus meinem Roman in den *FAZ*-Test eingegeben und auf »analysieren« gedrückt. »Sie schreiben wie Rainer Maria Rilke«, lautete das Ergebnis.

Oh, danke, dachte ich, aber das kann ja irgendwie nicht sein. Ich habe danach eine andere Roman-Stelle eingegeben. »Sie schreiben wie Maxim Biller«. »Von Rilke zu Biller??«, habe ich meiner Lektorin etwas entsetzt ins Bett gemailt. – »Beruhige dich! Gib noch mal eine andere Textstelle ein«, mailte sie mit 39 Grad Fieber zurück.

Habe ich gemacht. Plötzlich schrieb ich wie Ingo Schulze. »Nix gegen Schulze«, mailte ich, »aber warum sagt dieses Scheißding eigentlich nie, dass ich wie Rinke schreibe, wenn ich Rinke eingebe, ich bin doch Rinke?! Dann doch lieber eine Weidermann-Kritik!«

Keine Antwort. Einmal kam noch als Testergebnis Sigmund Freud.

Ich war dann noch auf dem »Art Forum Berlin«, der Kunstmesse. Kunstmessen sind ein bisschen wie eine Media-Markt-Eröffnung. Auch bekam ich wieder dieses Frankfurter Korridorgefühl: entgegenkommende Kulturmenschen, überholende Kulturmenschen, hakenschlagende Kulturmenschen oder aneinander zufällig vorbeigleitende, sich begrüßende und sich schon wieder verabschiedende und in diesem Gleiten sich irgendwie gegenseitig nutzende Kulturmenschen.

Ich glaube, das ist das Wesen dieses Messe-Oktobers: das nutzbare Gedränge oder Gegleite – die Profis gleiten im Gedränge!

Das alles ist nicht schön, am Ende mit Fieber verbunden, aber offenbar weiterführender als die genuine Kraft eines Textes oder Kunstwerkes. Bücher lesen oder Bilder betrachten im Oktober? Um Gottes willen! Auf ins Gedränge, gleiten, quatschen, nutzen! Der Markt, das ist ein Zufallsgenerator. Und ein Generator sagt zwar wenig über die Güte der Zahlen aus, aber wenn man nicht in den Generator springt, dann ist man überhaupt keine Zahl. Nur deshalb gehen Kulturmenschen im Oktober auf Messen.

PS: Dieser Text ist laut *FAZ*-Test von Friederike Mayröcker!

3

4:4 / Über die geistige Elite

Frankfurter Buchmesse, Paulskirche, Friedenspreisverleihung. Ein Literaturkritiker überprüfte in der Kirche fünf Reihen hinter Bundespräsident Joachim Gauck parallel zur Friedenspreisverleihung auf seinem iPhone das Amazon-Ranking eines französischen Romans.

Ein 26-jähriger Franzose soll nämlich auf Anhieb auf Verkaufsplatz 6 gelandet sein. Angeblich sei sein Verleger 87 Jahre alt und dessen E-Mail-Adresse auf der Messe hoch gehandelt. Einige Verlage hatten Angebote für die Rechte gemailt bzw. versucht, sie zu *preempten,* wie man in der Branche sagt: *to preempt = jemandem zuvorkommen.* Bei manchen kam die E-Mail per Autoreply wieder zurück, offenbar wurde auch mit falschen Adressen gehandelt. Manche meinten wiederum, es wäre andersherum: Der Autor sei 87 und der Verleger 26. Auf jeden Fall war das Buch bei Amazon irgendwann auf Platz 2, und Verleger, bei denen kein Autoreply zurückkam, boten mit der nächsten E-Mail sechsstellige Beträge für ein Buch, dessen Inhalt niemand kannte, dafür aber das Alter des Autors: 26 oder 87, bzw. das Alter des Verlegers: 87 oder 26. Irgendwann hieß es, nicht die Summe sei entscheidend, sondern ein Verlagshaus in guter Erzählertradition, denn angeblich schreibe der Autor wie Jonathan Franzen bzw. Honoré de Balzac, worauf die Verleger, deren Summen nicht per Autoreply zurückgekommen waren, weitere E-Mails verfassten, in denen sie nun auf die Nähe ihres Verlagshauses zu Erzählern wie Jonathan Franzen bzw. Honoré de Balzac hinwiesen.

Ist das nicht bemerkenswert? Hatte nicht gerade das Feuilleton zur Messe das Ende der herkömmlichen Fiktion ausgerufen und sogar von »Erzählonkels und Erzähltanten« geschrieben? Und plötzlich stürzt sich der Betrieb wie beim Hochfrequenzhandel auf einen 26- oder 87-jährigen Unbekannten in der Tradition von Franzen bzw. Balzac?

Mittlerweile war in der Paulskirche der Friedenspreisträger Liao Yiwu auf die Bühne gekommen und vor die »geistige Elite Deutschlands« getreten, wie er sie nannte. Es war ein seltsames Bild, wie dieser bescheidene Mann und chinesische Dissident in der einfachen Kleidung seines Volkes auf einer Klangschale spielte – und vor ihm saß die völlig abgerockte Buchmessengemeinde, abgefüllt mit fünf Tagen Partys, Trends und Antibiotika; die Taschen voller Visitenkarten und im Kopf Tausende von Gesprächsfetzen.

Für Schriftsteller ist so eine Messe wie dieses irre Fußballspiel Deutschland gegen Schweden (erst 4:0, am Ende 4:4!). Am Anfang der Messe sind der Schriftsteller und sein Ego also noch gut in Form. Man freut sich, locker aufzuspielen. Hier ein Auftritt, da ein Auftritt, aber am Ende wird es immer schrecklicher, und es steht plötzlich 4:4. Ab Freitag trifft man nur noch Egos mit irrsinnigen 4:4-Gesichtern. Die einen haben die Buchmessen-Beilagen unterm Arm und zählen die Anzeigen, die sie nicht bzw. ihre Kollegen bekommen haben; die anderen klagen, dass sie verrissen wurden, *obwohl* sie doch eher non-fiktional schreiben; wieder andere klagen, dass sie verrissen wurden, nur *weil* sie fiktional schreiben; manche sind empört, dass die Buchmessen-Zeitung nicht sie oder wenigstens Herta Müller, sondern Eckart von Hirschhausen abbildete, und einer ist fassungslos, dass er auf der Messe zwischen Alfons Schuhbeck und Gerhard Delling auftreten musste. (Ich!)

Und am Ende steht dann dieser Dissident mit seinem Kittel und seinen vier Jahren chinesischer, eindeutig nonfiktionaler Gefängnishölle in der Paulskirche vor der »geistigen Elite« – und man könnte sich schämen.

4

Die Kategorien sind in der schändlichsten Verwirrung / Über Präsenz, die alles Unvermögen heiligt, und über den Duft von Paris Hilton

Es gibt derzeit ein vielgesehenes Video mit Britney Spears bei YouTube. Es ist ein Live-Auftritt der berühmten Popsängerin 2009 in Las Vegas, bei dem das Mikrofon isoliert wurde und man nur ihre Stimme hört. Man muss das Video nur ein paar Sekunden laufen lassen (länger schafft man es auch nicht), um festzustellen, dass Britney Spears definitiv nicht singen kann. Ja, man muss sogar sagen, dass sich jeder Mensch schämen würde, wenn jemand aus der Familie öffentlich so singen würde.

Ich finde es immer spießig, wenn sich die Deutschen darüber aufregen, wie viel jemand verdient und was er dafür leistet, ich finde Neid ganz entsetzlich, aber bei Britney Spears ist das schon ziemlich wahnsinnig. Wie kann man mit dieser Begabung 58 Millionen Dollar im Jahr zusammenkrächzen? Britney Spears hat mehrere World Music Awards erhalten und sogar einen Stern – wie Maria Callas – auf dem Hollywood Walk of Fame.

»Amateur« und »Dilettant« sind eigentlich sehr schöne Begriffe. »Amateur« kommt vom lateinischen amator = Liebhaber, der etwas aus Liebe tut; das italienische dilettare leitet sich ab von delectare = sich erfreuen. Der Dilettant erfreut sich an seinem Tun, er übt es um seiner selbst willen aus – im Gegensatz zum Professionellen, der es, bei aller Liebe, auch als eine Arbeit verrichtet und damit seinen Lebensunterhalt bestreitet, weil er diese Arbeit besonders gut kann.

Auf der Frankfurter Buchmesse kann man zunehmend professionelle Schriftsteller beobachten, deren Gesichtszüge sich von Buchmesse zu Buchmesse immer mehr verfinstert haben. Hatten sie sich gerade von ihren Kollegen Dieter Bohlen, Lothar Matthäus oder Daniela Katzenberger aus dem vorherigen Jahr erholt, wurden sie diesmal von neuen Kollegen wie Boris Becker, Atze Schröder oder Uwe Ochsenknecht überrollt.

Das Interessante dabei ist, dass die Medien meist Folgendes verbreiten: Katzenberger, Becker oder Atze Schröder seien nun »unter die Schriftsteller gegangen«, so als würde die Tatsache, dass sie ein Buch geschrieben haben, schon automatisch die neue Berufsbezeichnung legitimieren.

Paris Hilton ist auch so ein interessanter Fall. Wofür sie eigentlich berühmt ist, weiß niemand, aber sie ist es, das allein zählt. Sie agiert als Schauspielerin, Fotomodell, Designerin und ebenso als erfolgreiche Sängerin, singen kann sie allerdings auch nicht.

Eigentlich wimmelt es in unserer Gesellschaft nur so von Leuten, die höchst erfolgreich Berufe ausüben, die sie nicht können. Die Dilettanten, die früher die Dinge um ihrer selbst willen ausübten, üben sie heute markttechnisch hochprofessionell aus. Und die übrig gebliebenen Professionellen von früher, sie wirken dagegen, unter den Gesetzten des Marktes betrachtet, dilettantisch.

Den Dilettanten, sagt Goethe, interessiere nicht die Blume, sondern der Duft der Blume. Wie die Blume wächst, was man tun muss, damit sie wächst, alles völlig egal. Pop, Medienwelt, Kunst, Finanzberatung, Wirtschaft, ganz besonders in der Politik: Überall finden sich heute Beispiele für diesen Duft ohne Blumeninteresse. Kaum ist jemand irgendwie präsent, schon ist es zu spät, da kann man noch so das fehlende Talent einklagen, die Präsenz heiligt alles Unvermögen.

»Die Kategorien sind in der schändlichsten Verwirrung«, sagt der König bei Georg Büchner. Und wie grotesk: Würden wir uns von einem Arzt operieren oder von einem Piloten fliegen lassen, der nicht mal ein Skalpell oder eine Steuersäule halten kann?

Ich glaube, mittlerweile, ja. Er muss nur präsent sein und den Duft haben.

5

Sie denken zu kompliziert für eine Talkshow! / Über das Leid mit den Öffentlich-Rechtlichen

Das mit den öffentlich-rechtlichen Sendeanstalten wird immer schlimmer. Diese Fahndungen, wer wo in welcher Wohnung wohnt! Und dass jede Wohnung, ob Fernseher oder nicht, berechnet wird! Das ist mehr als Nötigung für Menschen, die deshalb ihren Fernseher abgegeben haben, weil sie schon das ganze öffentlich-rechtliche Programm als Nötigung empfanden. Talkshows, Talkshows, Talkshows und dann noch eine Talkshow! Warum braucht man dafür eigentlich so viel Geld?

Neulich sollte ich für eine Talkshow der Öffentlich-Rechtlichen zur Verfügung stehen. Ich sagte: »Gerne, wie hoch ist das Honorar?«

»Honorar? Es gibt eine kleine Aufwandsentschädigung, nicht der Rede wert. Seien Sie doch froh, dass Sie interviewt werden«, erklärte die öffentlich-rechtliche Stimme am Telefon.

»Ja, aber wenn Sie mich interviewen, bin ich ihr Programm, und für das muss ich zu Hause zahlen, obwohl ich es gar nicht sehen kann«, erklärte ich. »Erstens habe ich keinen Fernseher und zweitens bin ich ja in Ihrer Talkshow, dann müsste ich ja gleichzeitig das Programm sein und das Programm gucken, wie soll das gehen?«

»Sie denken zu kompliziert für eine Talkshow«, sagte die öffentlich-rechtliche Stimme.

»Ich denke nicht kompliziert, ich habe zwei Wohnungen, aber keinen Fernseher, zahle aber 24 x 17,98 = 431,52 Euro Gebühren im Jahr, die will ich wiederhaben, wenn ich selbst das Programm bin!«

»Dann sind Sie eben nicht mehr das Programm, dann laden wir eben doch wieder Richard David Precht ein, der hat auch lange Haare! Auf Wiedersehen!«

Unglaublich ... Erstens ist das Sexismus (Was hat das denn mit meinen Haaren zu tun?!), und zweitens gibt es eine Talkshow nach der anderen über Steuerhinterziehung, Abzocke, Finanzkrise usw., aber wenn die Öffentlich-Rechtlichen mal bei dir zu Hause anrufen, dann zeigt sich die wirkliche Fratze des Kapitalismus. »Nicht die Griechen und Zyprer verprassen unser Geld«, hätte ich der Stimme gern noch hinterhergerufen, »sondern ihr!« Vor ein paar Tagen, nach einem Bayernspiel, das ich in einer Kneipe sah, freute ich mich über all die freien Parkplätze vor meiner Wohnung und parkte ein. Allerdings überall rot-weiße Schilder: »Wegen der Dreharbeiten zur ZDF-Serie LETZTE SPUR BERLIN sind die eingerichteten Halteverbotszonen einzuhalten, da sonst unsere Produktionsfahrzeuge behindert werden. Mit freundlichen Grüßen, Ihr ZDF.«

Nicht zu fassen ... Ich habe sofort »Letzte Spur Berlin« gegoogelt, kenne ich natürlich nicht (wie auch?!), bezahle ich aber! Obendrein jetzt auch noch die Strafzettel fürs Parken auf Bürgersteigen. (Ging nicht anders!)

»Kriminalhauptkommissarin Mina Amiri ermittelt …« Ach, mal wieder eine neue Krimiserie, dachte ich, gibt ja so wenige, Talkshows und Krimiserien brauchen wir möglichst viele, am besten nur noch Talkshows, Krimiserien und den Wetterbericht! Die Hauptrolle spielt Jasmin Tabatabai, mit der bin ich sogar befreundet, der habe ich Theaterrollen geschrieben.

Mittwoch sah ich sie vor meiner Haustür als Kriminalhauptkommissarin ermitteln, ich konnte quasi nicht mehr ordnungsgemäß in die Wohnung, weil alles abgesperrt war. Ich habe noch überlegt, ob ich mich bis zu Jasmin durchkämpfe, dann hätte sie wahrscheinlich gefragt »Hey, was machst du denn hier?«, und ich hätte gesagt: »Du, ich wohne hier. Wenn du Lust hast, könnt ihr auch oben bei mir in der Wohnung ermitteln, wenn's euch nicht stört, dass ich keinen Fernseher habe!«

Absurd ist das alles. Ich warte nur auf den Tag, an dem sich Richard David Precht und Jasmin Tabatabai im ZDF über lange Haare unterhalten. Dann passiert etwas.

6

Irgendwann fängt es an zu klingeln / Über die Filmwelt – Tagebuch meiner allmählichen Verwahrlosung als Jury-Mitglied auf der Berlinale

TAG 1:
Ich stehe in Panik vor meinem Kleiderschrank. Elf Tage Berlinale und neun offizielle Dinner im Dresscode »Dark suit«, 36 Empfänge im Code »Formal dress«, dazu 27 Filme, die ich als Jurymitglied in bequemer Freizeitkleidung absolvieren kann. Ich werfe einfach alles, was ich habe, in den Koffer und versuche nebenbei noch ein Hemd zu bügeln.

Im Berlinale-Shuttle frage ich Corinna, die Betreuerin unserer Jury, warum ich nicht zu Hause wohnen kann. »Ich meine, die Berlinale ist doch in Berlin?« Sie überreicht mit schönen Grüßen vom Berlinale-Direktor Dieter Kosslick einen lilafarbenen Schal und lächelt. Während der Fahrt zum Hotel betrachte ich mein halb gebügeltes Hemd, das der Fahrer in der Limousine aufgehängt hat, ich habe sogar das Gefühl, das Hemd schaut mich schon halb offiziell an.

Im Hotel stoße ich auf meine Jury-Partner: die Festivalleiterin Hania Mroué aus dem Libanon und den Schauspieler Matthew Modine aus den USA. Modine kenne ich aus Kubrick-Filmen und aus »Short Cuts« von Robert Altman; über Mroué habe ich gelesen, dass sie das arabische Filmfestival leitet. Mit diesen beiden Menschen werde ich also 27 Mal ins Kino gehen. 27 Mal, das habe ich noch mit keiner einzigen Liebespartnerin geschafft.

Oben im Zimmer kippe ich meinen Koffer aus und streife das halb offizielle Hemd über, in fünf Minuten ist das erste Jury-Dinner. Ich bekomme eine SMS von Klaus Lemke, dem Rocker unter den deutschen Regisseuren. Lemke habe ich auf Lanzarote kennengelernt, seitdem schreiben wir uns. Lemke hat einmal einen Kultfilm über St. Pauli gemacht, ein anderer Film heißt »Undercover Ibiza«, und nun hat er »Berlin für Helden« gedreht, einen Anti-Dietl-Film, einen Film über die wirklichen Überlebenskämpfe in Berlin, aber das Festival hat ihn abgelehnt. Lemke ist darüber so erzürnt, dass er in der SMS ankündigt, bei der Eröffnung seinen Hintern auf dem roten Teppich zu entblößen. »Operation Toter Teppich«. Der Ton der SMS beunruhigt mich, ich glaube, er erwartet von mir, dass ich mitmache.

Nachts nach dem ersten Jury-Dinner mit Kosslick an der Hotelbar. Kosslick ist schon sehr gut in Form. Irgendwann sagt er, dass er noch 2500 persönliche Begrüßungskarten schreiben muss. »Wann denn?«, frage ich. »Ich stehe immer um sieben Uhr auf«, antwortet er.

Als wir um fünf Uhr zum Hotelfahrstuhl wanken, kommen uns die Spieler von Borussia Mönchengladbach entgegen, die haben ein Pokalspiel gegen Hertha und wahrscheinlich gleich das Morgentraining.

TAG 2:

Den ganzen Tag Privatscreenings. Im ersten Film gibt es einen Raubüberfall. Als ich den Räuber mit Augenmaske auf der Leinwand sehe, zucke ich zusammen. Das ist doch Matthew Modine, mein Jury-Kollege? Der Räuber hat blonde Haare wie er, ist auch ungefähr zwei Meter groß, sogar der Bart ist genauso, das ist er, der Berlinale ist ein logistischer Fehler unterlaufen! Die restlichen 80 Minuten verbringe ich damit, meinen Jury Kollegen mit dem Räuber zu vergleichen.

Der zweite Film kommt aus Deutschland und handelt von einem Sexualstraftäter. Wunderbar, denke, ich, die Deutschen zeigen schon wieder einen Sexualstraftäter und zwei Polizisten, die ihre Beziehungsprobleme im Auto durchsprechen. Gibt es eine Statistik darüber, wie viele deutsche Filme wir haben mit Sexualstraftätern und zwei Polizisten, die ihre Probleme im Auto durchsprechen? Irgendwann sagt einer: »Die Verrückten werden immer verrückter«, das ist ein guter Satz, denke ich, den kann ich noch gebrauchen.

Abends zweites Jury-Dinner: Kosslick legt sehr viel Wert auf gute Ernährung, und es gibt gedünsteten Angeldorsch. Mitten in den Angeldorsch bekomme ich wieder eine SMS von Lemke: »Flashmemo: Da mein Hero Martin Scorsese momentan nur rückwärts gekocht wird – hier ein paar klare Worte: Die Coolness, die man braucht, um das Gift des Systems zu schlucken, kann man sich nur da abholen, wo es einem am schwersten fällt ...« Vermutlich meint er am »Toten Teppich«, Lemke spielt bestimmt wieder darauf an, dass wir uns zur Eröffnung am Berlinale-Palast treffen, er nackt, ich im Dresscode, mir graut vor morgen.

Ich frage meinen Tischnachbarn Christian Terhechte, den Chef der »Forum«-Filmreihe, warum die Berlinale eigentlich nicht Lemke eingeladen hat, und zu meiner Überraschung bedauert das auch Terhechte. »Oh!«, sage ich, laufe schnell auf die Toilette und schicke Lemke eine SMS, dass Terhechte vom »Forum« ihn mag, er könne sich die andere Sache ja noch mal überlegen.

Nach dem Dinner fahren wir alle zur »Interview-Launchparty«, das Jury-Mitglied Charlotte Gainsbourg will dort ein Konzert geben. Ich sehe Kosslick um zwei Uhr nachts vorne an der Bühne sitzen und Gainsbourg

Kusshände zuwerfen, dabei versuche ich die vier Filme des Tages aufzuarbeiten.

Außerdem frage ich mich, wie Kosslick das macht. Es ist nun 2 Uhr 30, in vier Stunden muss er schon wieder an den 2500 Begrüßungskarten arbeiten, trinkt aber gerade mit Jake Gyllenhaal aus »Brokeback Mountain« Wodka-Cola.

Vor ein paar Tagen habe ich gelesen, dass Napoleon eine Nachtschlafregel hatte: »Vier Stunden für Männer, fünf für Frauen, sechs für Idioten.« Und in den Hochphasen der »Entspannungspolitik« soll ja Genscher mit weniger als drei Stunden ausgekommen sein. Keine Antwort von Lemke.

TAG 3

Der erste Film für heute kommt aus Japan und handelt davon, dass ein Biologielehrer nach dem Sex mit einer Schülerin seinen Penis verliert, er ist einfach weg, das ist der Inhalt. Ich beobachte während der Privatvorführung meinen Jury-Kollegen Modine. Er ist seit gestern rasiert und wirkt unruhig. Die Kollegin Hania Mroué sucht in ihren Unterlagen nach offiziellen Worten zu diesem Film. Vielleicht, denke ich, ist der fehlende Penis eine Metapher für die gefährliche Strahlung in Japan nach Fukushima?

Danach gehen wir aus dem Cinemaxx ins Freie, und Hania bleibt stehen. Sie hat noch nie Schnee vom Himmel fallen sehen. Das ist ein schöner Moment. Diese zierliche Frau aus Beirut, die einfach nur dasteht und die Schneeflocken begrüßt.

Um 18 Uhr 30 müssen wir in die Limousine und zum roten Teppich fahren, der Wagen passiert mehrere Absperrungen und hält direkt davor, was mich beruhigt. Bis hierhin kann Lemke ohne Limousine unmöglich durchgekommen sein. Ich steige beschwingt aus und werde von circa hundert Fotografen vorne links am Teppich angebrüllt, ich weiß nicht, was sie wollen, sie brüllen nur. Irgendwann sehe ich, dass ich zwischen den Fotografen und einer halb nackten Frau stehe, die ich nicht kenne und die gerade die rechte Seite der Fotografen bedient. Vorn am Teppich steigt eine Schauspielerin aus einer Limousine, und ich merke, dass sie nicht losläuft, weil die andere noch nicht weg ist, außerdem steht auch noch die Schauspielerin Natalia Wörner auf dem Teppich, dahinter Bundesminister Peter Ramsauer. Es ist wie auf dem Rollfeld am Flughafen. Jede Maschine sucht nach ihrem Slot zum Durchstarten. Und das Geschrei der Fotografen ist lauter als die Düsen der Maschinen. Hania hält sich an mir fest, und irgendwann erlöst uns Kosslick und bittet zum Gruppenfoto mit Matthew Modine. Ich schaue noch einmal zu den Fotografen auf der linken Seite. Einer von ihnen hat etwas Weißes am Mund. Es ist nicht Schnee, es ist Schaum.

TAG 4:

Zwei starke Filme aus der Türkei. In *Beyond the Hill* hetzt ein Forstverwalter seine Familie gegen unsichtbare Feinde hinter den Hügeln auf und bemerkt gar nicht, wer der eigentliche Feind ist: er selbst. Der bisher beste Film. Über Beziehungen und über ein Land, das ständig beleidigt ist. Angela Merkel müsste diesen Film dem türkischen Ministerpräsidenten vorführen. Und vielleicht ihrer Koalition.

Danach Jury-Meeting im »Rebecca-Horn-Zimmer« der Anwaltskanzlei Raue. Modine ist noch angegriffen von dem japanischen Film über den Penisverlust, er spielt ihn sogar vor einer Installation von Rebecca Horn nach. Irgendwann klopft eine Anwältin der Kanzlei an die Tür und fragt, ob alles in Ordnung sei.

Jury-Empfang von Klaus Wowereit im China-Club, diesen Club werde ich wahrscheinlich nur einmal in meinem Leben betreten, es sei denn, ich werde Mafioso oder Regierender Bürgermeister.

Ich sitze neben Barbara Sukowa und dem Iraner Asghar Farhadi. Sie unterhalten sich über das Filmfestival Colorado. Wowereit habe ich erst vor ein paar Stunden auf den Partys von der Illustrierten *Bunte* und BMW gesehen, bestimmt kennt der auch die Schlafregel von Napoleon.

Als ich letzte Nacht unweit vom Unternehmer Carsten Maschmeyer stand, fiel mir der bevorstehende Jury-Empfang beim Bundespräsidenten wieder ein, Maschmeyer hat ja Wulff einmal gesponsert. Ich weiß nicht, was ich tun soll, denn es ist ja gerade unter Filmschaffenden angesagt, dem Präsidenten abzusagen. Soll ich auch absagen? Als ich Maschmeyer mit jemandem anstoßen sah, der in der Zeitung erklärt hatte, er habe Wulff persönlich abgesagt, fing es plötzlich an, in meinem Kopf zu klingeln, danach hörte ich eine irgendwie kreisende Melodie wie diese Berlinale-Erkennungsmelodie vor Beginn eines Filmes.

Ich laufe mit Boualem Sansal, dem algerischen Friedenspreisträger, der in einer anderen Jury sitzt, durch die Flure des China-Clubs, er spricht über den »arabischen Herbst«. Er sagt Herbst, nicht Frühling. Seltsames Bild, wie der Friedenspreisträger unter einem chinesischen Gemälde steht.

TAG 5 und 6:

Wieder zehn Filme! Unglücklicherweise gibt es die Filme mit viel Sex immer morgens um neun Uhr. Es gibt Sex mit Transvestiten, Sex mit Tieren, Sex mit Pädophilen, SM-

Sex, Sex mit der ganzen Familie. Ein Mädchen wird sogar von einem Kassettenrecorder schwanger. Komischerweise ist der Sex in dem Film, der die Verhältnisse der Pornoindustrie in San Francisco beschreibt, der normalste.

Die meisten Erstlingsfilme haben eine Dramaturgie wie ein auseinandergezogenes Kaugummi. Lernt man denn an den internationalen Filmschulen keine Figurenentwicklung oder Spannungsbögen? Dafür unendliche Kameraeinstellungen mit Landschaftsaufnahmen. Jeden Tag sehe ich stundenlang Landschaftsaufnahmen, die unterbrochen werden von Sex, den ich nicht verstehe. Rauchende und essende Schauspieler ohne Text sind auch sehr beliebt.

Mein Hotelzimmer sieht schlimm aus: lauter Flyer, Werbepräsente, Red-Bull-Dosen, Zeitungen mit Filmkritiken, die Klamotten verteilt neben dem Koffer. Kann man eigentlich durch ein Übermaß an Filmen verwahrlosen? Ich habe das Gefühl, je mehr Filme ich sehe, umso weniger Kraft habe ich, meine eigenen Sachen zu ordnen.

Modine imponiert mir. Zu den Autogrammjägern sagt er: »Let's break up the system!«, er gibt kein Autogramm, klopft dem Jäger aber auf die Schulter und geht freundlich weiter. Ich muss ihn unbedingt mit Lemke zusammenbringen.

TAG 7:

Erstlingsfilm für Kinder gesehen. Von allen bisherigen Filmen ist »Kauwboy« der berührendste. Die Geschichte von Joyo aus Holland, der heimlich ein verstoßenes Dohlenküken mit hellblauen Augen großzieht und durch den Vogel sogar den Tod seiner Mutter zu begreifen lernt. Endlich ein Film mit Horizont, mit einer Entwicklung, mit Brüchen und Zartheit.

TAG 8:

Heute hat Modine nach dem 21. Screening in eine Pappwerbesäule einer Filmproduktion getreten, ausgerechnet der freundliche Modine, es sah aus wie damals bei Jürgen Klinsmann, als er wütend in eine Pappwerbesäule von Bayern München trat. Ich selbst bin in einer Nachmittagsvorstellung eingeschlafen, aber hinter mir saß das Filmteam, die Hauptdarstellerin hat drei Mal gegen meinen Sitz getreten. Das ist verrückt, die Filmleute wiegen einen erst in den Schlaf und dann treten sie von hinten gegen den Sitz. Nachts Juror-Party bei Hugo Boss. Alles gratis, Mädchen mit Champagnerflaschen, die fast größer sind als sie selbst. Mittendrin Kosslick in den Morgenstunden. Napoleon, Genscher, Kosslick!

Mein Gott, was alles an der Berlinale dranhängt. Vorne die Lokomotive mit der Filmkunst und hinten dran: *Bunte,* Boss, Bellevue, China-Club, Peter Ramsauer, wahrscheinlich auch sogar irgendwie Lemke. Auf dem Rückweg halten wir mit der Limousine bei McDonald's. Ich will mir endlich etwas selbst kaufen. Gefühl von Erdung, Menschsein.

TAG 9:

Sex in Speisekammer. Sex in Bambushütte. Sex im Poloclub.

TAG 10:

Wieder im »Rebecca-Horn-Zimmer«. In der abschließenden Jury-Sitzung kann ich mich an manche Filme nicht mehr erinnern. Oder nur schwach. Hania starrt aus dem Fenster. Vielleicht steckt hinter meinem Jury-Job auch eine Organisation für psychosomatische Experimente? Modine hat schließlich schon eine Werbesäule zertrümmert.

Das würde er sonst nicht tun, so gut kenne ich ihn schon. Su-Jin, unsere andere Betreuerin, kommt herein und sagt, der Bundespräsident sei zurückgetreten. Letztlich wegen Groenewold, dem Filmunternehmer. Einen Moment lang höre ich wieder diese kreisende Berlinale-Melodie und überlege, Wulff den Preis zu überreichen.

TAG 11:
Zwei Stunden vor der offiziellen Abschlussgala liege ich im Bett und schaue auf YouTube Lemkes Kommando, im Internet gibt es viele Filme über Lemkes Aktion, sogar mit Polizeischutz. In einem Film hört man einen Dialog von zwei Polizisten, die zwischen dem roten Teppich der Berlinale und Lemkes nacktem Hintern stehen.

Der eine sagt: »Verstehst du das?«, und der Kollege antwortet: »Nein, aber die anderen sind auch verrückt.«

Morgen hängt Ilkan, der Fahrer, mein Hemd in den Wagen, und wir fahren nach Hause.

7

Stadt der Hühner / Über die Verwandlung der Berlinale-Menschen in Tiere

Mir ist klar geworden, dass Rote Teppiche aus Menschen Hühner machen. Zuerst ist mir das bei der Eröffnung der Berlinale aufgefallen. Ich habe mich sehr schön mit einem Schauspieler unterhalten, dessen Kopf aber plötzlich anfing, ruckartig nach rechts und links zu zucken. Ich fragte ihn, ob alles in Ordnung sei, doch er sagte nur:

»Sag mal, ist das Rolf Zacher?!«

»Weiß ich nicht«, antwortete ich, »wer soll denn das sein, Rolf Zacher?«

Aber der Kopf des Schauspielers zuckte schon zur anderen Seite:

»Hilary Swank mit Stefanie Stappenbeck, wie kommt denn die Stappenbeck an die Swank ran?!«

»Weiß ich auch nicht«, antwortete ich, »wie geht's dir eigentlich? Findest du es nicht auch schockierend, dass diese Woche dieser gewaltige Asteroid nur acht Kilometer an unserer Erde vorbeifliegt?«

»TABATABAI!«, schrie er. Wir haben das dann abgebrochen.

Zwei Tage später war ich noch einmal auf der Berlinale, beim NRW-Empfang in der Landesvertretung. Der Schauspieler war auch da, er stürzte sich geradezu auf mich.

»Shia LaBeouf ist auch hier!«, sagte er.

»Hallo«, sagte ich, aber dann fing wieder sein Kopf an, ruckartig zu zucken.

Wenn er mich nicht anguckt, dachte ich, dann muss ich ihn ja beim Sprechen auch nicht angucken, und zuckte nun ebenfalls ruckartig mit dem Kopf, wobei mir auffiel, dass überhaupt alle Menschen mit dem Kopf zuckten, so als würden sie ihr Gegenüber nur als Überbrückungsstation benutzen, um schon ein nächstes, viel wichtigeres Kontaktgespräch vorzubereiten.

Dieses schnelle Zucken des Kopfes hat bei Hühnern mit der fehlenden Überschneidung der Blickfelder zu tun. Als ich Kind war, lebten wir auf dem Land. Wenn ich die Hühner füttern sollte und einem Huhn in die Augen sah, dann hatte ich das Gefühl, rechts und links neben mir stehe noch jemand, von dem das Huhn sein Futter bekomme. So war das auch bei der Eröffnung der Berlinale und beim NRW-Empfang.

Wir hatten damals vier Hähne, wir nannten sie die Rolling Stones, und mein Vater war der Meinung, wir müssten sie kastrieren, »wohin denn mit den ganzen Hühnern?«, seufzte er, doch für meine Mutter kam Kastration bei den Rolling Stones nicht infrage.

Hauptsächlich hatten wir Hennen. Und da ich ungefähr der Einzige war, der die Hennen halbwegs unterscheiden konnte, wusste ich auch, welcher Hahn gerade was mit welcher Henne hatte. Hühner haben eine relativ flexible Hackordnung, aber wenn ich mit den Körnern kam, war es oft so, dass einer der Hähne eine Henne vorschickte, die dann mit ihm zusammen vor den anderen fressen durfte. Ich fragte mich früher sogar, ob manche Hennen solche Paarbeziehungen nur eingehen, um Privilegien zu erhalten und eher an die Körner zu kommen. Sie taten immer so, als wäre es die große Liebe, und stürzten sich dann auf die Körner.

Wir hatten keine Seidenhühner, sondern Friesenhühner, die typischen Landhühner mit dunkelorangeroten Augen und einer Legeleistung von 160 Eiern, die sind auch sehr beliebt bei Hühnerfleischproduzenten.

Wir haben unseren Hühnerstall aber nie in VIP-Bereiche unterteilt wie auf den Berlinale-Empfängen. Offensichtlich haben die Menschen das Bedürfnis, überall besser zu sein als die anderen. Es ist ja schwer, überhaupt auf einen Berlinale-Empfang zu kommen, aber kaum ist man drin, fangen sie drinnen wieder an, Sonder-VIP-Räume abzugrenzen, also Super-VIP-Zonen zu errichten, in welche die Nur-VIPs nicht hineindürfen.

Das ist eigentlich das letzte Bild, das ich von der Berlinale habe: Irre ruckelnde und zuckende Köpfe in der Super-VIP-Zone, die ab und an auf die ebenso ruckelnden und zuckenden Köpfe in der Nur-VIP-Zone gucken und dabei müde mit dunkelorangeroten Augen herüberlächeln, während die anderen sich damit abfinden müssen, dass die Hackordnung nie, aber auch niemals im Leben endet.

8

Die Errettung des Heinrich von Kleist / Tagtraum, um einen Selbstmord zu verhindern

Kleiner Wannsee, eine Anhöhe, ein frischer, kalter Tag, 21. November. Hier hat sich der Dichter Heinrich von Kleist am 21. November 1811 mit einer Freundin Kaffee und Rum servieren lassen und sich dann gegen 16 Uhr erschossen; erst schoss er Henriette Vogel ins Herz, danach sich selbst in den Mund.

Ich komme 200 Jahre später, eine Stunde vor der offiziellen Kranzniederlegung, aber es ist bereits der Teufel los an diesem Montagvormittag. Circa 200 Menschen stehen um den Grabstein herum, dazu Kulturvertreter, Journalisten.

Einer der Fotografen will das Grab ablichten und läuft gegen ein Kamerastativ vom RBB. Eine schöne Journalistin geht immer im Kreis ums Grab und sucht Gesprächspartner für »Titel, Thesen, Temperamente«. Ein Moderator hinter mir sagt: »Die ungarische Kleist-Ausgabe ist die dickste.« Der Organisator der World-Wide-Reading sagt, dass gerade 147 Kleist-Lesungen stattfinden, von Auckland bis Zhitomir, auch in Guangzhou. »Wo ist denn Guangzhou?«, fragt jemand. »Weiß ich nicht«, sagt der Organisator.

Ich stelle mir vor, wie es für Kleist gewesen wäre, wenn

er in seinem Leben ein einziges seiner Stücke auf der Bühne hätte sehen, einen einzigen seiner Texte hätte hören können.

Plötzlich treten der Bundestagspräsident, der Berliner Kulturstaatssekretär, der Präsident der Kleist-Gesellschaft, die Stifterin der neuen Grabstätte und der oberste Denkmalpfleger ans Grab. Der beste Schauspieler der Stadt liest Kleists Abschiedsbrief an die Schwester Ulrike – und für einen Moment reise ich wirklich 200 Jahre in die Zeit zurück.

»Bitte, bitte noch ein paar Tage früher«, flüstere ich vor mich hin. Ja, man müsste Kleists Schwester VOR dem 21. November 1811 treffen! Am besten bei ihr zu Hause in Schorin in Hinterpommern ...

Ulrike steht in ihrer Küche und liest Kleists Abschiedsbrief: »Die Wahrheit ist, dass mir auf Erden nicht zu helfen war. Und nun lebe wohl ...«

Ich falle sofort mit der Tür und 199 Jahren, elf Monaten und 27 Tagen Vorsprung ins Haus: »Verehrte Ulrike von Kleist. Ich komme aus einer Zeit, die vieles weiß. Jetzt hilft nur noch ein kurzer Brief an Heinrich, den Sie ihm schreiben müssen!«

Ulrike von Kleist schaut mich wie eine Erscheinung an. Auf dem Kopf trage ich zwar den typischen Dreispitz, aber unten herum Jeans und blaue Adidas-Turnschuhe.

»Liebster Bruder«, diktiere ich der Schwester sodann, »heute erschien ein Mann aus künftiger Zeit. Oh, verspotte mich nicht, mein Heinrich, denn wer so zauberhaft schöne Traumstücke verfasst wie *Das Käthchen von Heilbronn* oder *Der Prinz von Homburg*, der wird mir nun glauben müssen. Deine Stücke werden Weltruhm erlangen! Du wirst sogar in Guangzhou gelesen werden!«

»Wo mag das sein?«, fragt Ulrike.

»Weiß ich nicht«, sage ich und diktiere weiter. »Was fühlt nun deine Seele? Warum sich denn noch erschießen? Du musst, liebster Bruder, deine Pläne ändern, deine Lebensfassung, so als würdest du die Fassung einer deiner Traumstücke ändern. Anbei sende ich dir die Liste von der World-Wide-Reading von Auckland bis Zhitomir! Deine Schwester.«

Nach Versendung des Briefs an Kleist eile ich am 21. November 1811 an den Wannsee, in den Gasthof »Stimmings Krug«, wo Kleist in der alten Lebensfassung noch den Rum bestellen und dann zwei Mal schießen würde. Es ist ein kalter Tag. In der Ecke sitzt ein trauriges Mädchen und scheint zu warten ...

»Im Sommer wird dann alles noch grüner aussehen«, sagt jetzt der Denkmalpfleger zur Stifterin. »Im Ungarischen gibt es so lange Sätze, darum ist die ungarische Kleist-Ausgabe die dickste«, erklärt ein Mann dem Moderator. Die schöne Journalistin interviewt den Kleist-Präsidenten zum Thema Kleist und dem Ärger mit dem benachbarten Ruderverband, während der Bundestagspräsident zu einer Sitzung davoneilt. Und die nächste S-Bahn ab Wannsee geht in zehn Minuten.

9

Im Stundenhotel mit Max Frisch / Überlebensbücher

Die hellblaue Suhrkamp-Ausgabe entnahm ich einem Buchregal der dritten Frau meines Vaters. Das war 1984, fünf Minuten vor der Abreise mit meiner 2CV-Ente und einem Jugendfreund. Die erste richtige Männerreise, Nizza, ans Meer, zu den Französinnen. Im Gepäck des Freundes sah ich »Anna Karenina«, da lief ich noch schnell zurück, und ich weiß nicht mehr, warum ich ausgerechnet zu diesem Band griff. Vielleicht, weil in diesem Blau auch die Fenster unseres Hauses gestrichen waren. Max Frisch, der Name klang außerdem sehr gut.

Am Strand der Côte d'Azur dann gelesen: Stiller, der Bildhauer, der vorgibt, Mr White zu sein, interessiert sich nicht für das Ballett seiner Frau Julika. Und umgekehrt interessiert sich Julika nicht für Bildende Kunst. Sie leidet an Tuberkulose, er an Misserfolg, hat aber eine Affäre mit Sibylle. Dann brach ich ab.

Es hatte keinen Sinn, mit 18 in einer umgebauten Ente auf einer Isomatte einen Eheroman aus dem Buchregal der dritten Frau meines Vaters zu lesen.

»Ist es nicht gut?«, drehte sich der Freund mit »Anna Karenina« fragend um, sodass das ganze Auto wackelte. »Doch, doch, und deins?« Ich hatte ja keine Ahnung, dass er auch einen Eheroman las.

Jahre später musste ich »Stiller« lesen, Uni-Seminar in Gießen. Der Sand der Côte d'Azur rieselte noch aus der Ausgabe, aber jetzt las ich einen ganz anderen Roman. Ein Mann will nicht die alte Rolle, er will ein neues Leben. »Ich bin nicht Stiller!« Geht das denn? Plötzlich las sich alles wie ein Aufruf, das eigene Leben möglichst selbst zu erfinden.

Ich wollte Frisch einen Brief schreiben. Ich schrieb den ganzen Winter 1991 an dem Brief, als ich ihn an Suhrkamp abschicken wollte, war Max Frisch tot.

Fünf Jahre später lernte ich bei meiner ersten Lesung Marianne Frisch kennen, die zweite Frau von Max Frisch. Sie sagte: »Ihr Buch ist am Ende etwas lang.«

Ich kannte sie nur aus der berühmten Frisch-Erzählung »Montauk«, ich hatte das Gefühl, ich stünde vor einer Erfindung, und plötzlich sagte mir eine Romanfigur, dass mein Buch am Ende zu lang sei. Das war seltsam.

Marianne Frisch hat mich dann am Schauspielhaus in Zürich empfohlen, eigentlich am Max-Frisch-Theater. Vor meinem ersten Probenbesuch lag ich mit »Stiller« im Hotelbett. Ich hörte ein lautes Stöhnen, eher Schreie, lief auf den Gang und sah durch eine halb offene Tür ein Paar – der Mann lag in Ketten. Man muss dazu sagen, dass das Theater in Zürich damals erheblich sparen musste und Jungautoren in einem bordellartigen Stundenhotel in der Rosengasse untergebracht wurden.

Ich legte mich zurück ins Bett zu »Stiller« und dachte, vielleicht gibt es doch Geschichten, die man nicht erfinden kann. Die Schreie des Mannes nebenan klangen mittlerweile so, als würde eine Kuh sterben, aber was mich beruhigte, war der alte Sand der Côte d'Azur, der ganz still aus dem Buch in das Stundenhotel rieselte.

Seit Jahren nehme ich dieses Buch nun immer als Schutzpatron auf längere Reisen mit. (Damit mich keiner in Ketten legt! Frischthema!) Wie Rolf, der Staatsanwalt in »Stiller«, den fleischfarbenen Kleiderstoff um die halbe Welt trägt, trage ich das völlig zerknitterte und verbogene blaue Buch mit mir herum. Ich lese gar nicht mehr darin, ich habe es einfach nur gern bei mir.

Vor einiger Zeit sah ich Volker Schlöndorff mit Max Frischs Jaguar, der Regisseur hatte ihn als Geschenk für die »Homo-Faber«-Verfilmung bekommen. Ich lief heimlich um den Jaguar herum und dachte: Was für ein Ende meiner Max-Frisch-Geschichte wäre das …

10

Zwei Päpste und ein Mädchen / Über Marcel Reich-Ranicki

Marcel Reich-Ranicki habe ich das erste Mal gesehen, da war ich 22. Er stand auf der Probebühne der Angewandten Theaterwissenschaften in Gießen und hielt eine Laudatio auf seinen polnischen Freund Andrzej Wirth, der mein Professor war und die Angewandten Theaterwissenschaften erfunden hatte. Was Reich-Ranicki in dieser frei gesprochenen 90-minütigen Laudatio vollbrachte, war das beste Theaterstück, das ich im Raum Hessen bis dahin auf der Bühne gesehen hatte.

Wie dieser Mann in 90 Minuten auf einer Probebühne die ganze Zeitgeschichte umfasste: Warschauer Ghetto, der Aufstand, die Erschießungen, der Holocaust, Hitler und immer wieder, trotz allem, diese unfassbare Liebe: Goethe, Thomas Mann, Brecht, er zitierte: Fontane, Heine, Koeppen, Hermann Burger, Max Frisch, sogar Handke, Walther von der Vogelweide, kreuz und quer, oft mehrere Minuten, frei, ansatzlos, mit stechender, alle erreichender Stimme und rollendem »R«.

»Von welcher Bühne kommt dieser Schauspieler?«, flüsterte ein Kommilitone.

»Von der *FAZ*«, murmelte ein anderer.

Der Mann auf der Bühne vermischte jetzt die Literatur mit Berichten von gemeinsamen Fluchten mit meinem Professor auf Pferdeanhängern, gestohlenen Motorrädern ohne Führerschein; er berichtete vom polnischen Geheimdienst, der Gruppe 47, von Ulrike Meinhof und Willy Brandt; er dozierte über Friedrich Schlegel, Gombrowicz,

Mrozek, Tschechow, dessen »Dame mit dem Hündchen«, Tolstoi, Schiller, Richard Wagner, Homer, Sophokles, Ulla Hahn, also eigentlich über alle, und auch über Tadeusz Kotarbinski, den berühmten Repräsentanten der polnischen Logik-Schule, dem beide nahestanden.

Ja, logisch war uns Studenten in diesem rasanten Reich-Ranicki-Stück alles, es ging zwar rauf und runter, kreuz und quer inklusive Sarah Kirsch, aber es war wunderbar logisch, anti-elitär, anti-professoral und so erfrischend undeutsch. Und dann kam das, was wir Theaterstudenten von Shakespeare schon wussten: ein wirklich großes, lebendiges Stück besteht aus dem »Mingle-Mangle«, dem Mischmasch, das ich an diesem Probebühnenabend zum ersten Mal begriff: aus Hohem, Niederem, Tragischem, Komischem, Pastoralem, Profanem. Also erzählte Reich-Ranicki aus der Studienzeit in Warschau und von der Weiberjagd mit meinem Professor und dem Papst, jawohl!, Karel Wojtyla, der ja Theaterdichter werden wollte – und noch heute höre ich Reich-Ranickis herrlichen, lebensschönen Satz und seine wundervolle Stimme über die Erfolgswerte des bunten Trios in den Wiesen um Warschau: »Und der Papst, liebe Studenten von Gießen, war nicht der schlechteste!«, jetzt machte er einen kleinen Satz, einen Sprung, er tanzte vor Freude über diese unerhörte Wendung.

»Der Papst und ich küssten dasselbe Mädchen, und Gott wird es bezeugen!«, dabei ließ er seinen Finger erhoben mitschwingen, so als hielte er eine Predigt an das Heiligste, das eben begreifen müsse, dass nichts, gar nichts auf dieser Welt unfehlbar sei. Der Rest war Jubel.

»Lieber Herr Reich-Ranicki, stimmt das alles, auch mit dem Papst?«, fragte ich danach, ganz vorsichtig, als wir Rotkäppchensekt aus Pappbechern tranken.

»Wenn Sie später gute Geschichten schreiben wollen, die vom Leben handeln und lebendig sind, müssen Sie Ihrer Phantasie vertrauen«, entgegnete Reich-Ranicki, seine Frau nickte mit dem Kopf.

Ich weiß bis heute nicht, ob es wirklich stimmt mit ihm, dem Papst und dem Mädchen, aber der Satz über den Zusammenhang von Lebendigkeit und Phantasie hat mir sehr viel bedeutet.

11

Sie hätte sich in Rodin verlieben müssen! / Über Paula Modersohn-Becker

Wenn ich heute auf Reisen in Hotelzimmern schlafe und Bilder mit Landschaften sehe, hänge ich sie ab. Einmal, in Essen, stellte ich ein Ölbild mit einer sehr flachen Landschaft, auf der auch einige bäuerliche Figuren zu erkennen waren, in das Badezimmer. Nach dem Duschen trat ich aus Versehen in die Landschaft, sodass mein Fuß auf der anderen Seite wieder herauskam. Für die Kosten, die bei dieser Hoteldemolierung entstanden, mache ich noch heute meine Kindheit in Worpswede verantwortlich.

Meine ganze Kindheit ist quasi zugestellt mit flachen Moorlandschaften, Bauern und irgendwelchen stimmungsvollen Himmeln. Wo man hinkommt, wird man begrüßt als »Künstler aus Worpswede!«

»Na ja, da kann er ja auch nicht anders, was?« – »Haben Sie auch mal gemalt?« – »Warum sind Sie denn nicht Maler geworden??« – »Da hätten Sie das Moor malen können!«

Meine Eltern brachten mich oft in das Haus meiner

Tante Ute in der Hembergstraße. Es war aus Holz, wunderschön hellblau angestrichen, und ich spielte mit meiner Cousine im Kinderzimmer. Paula Modersohn-Becker lebte hier früher, und oft pressten nun Touristen ihre Nasen gegen das Kinderzimmerfenster, um zu sehen, wie die berühmte Malerin gelebt hat und wer da wohl jetzt malt. Wir malten aber nicht, sondern bauten Lego zusammen oder schlugen mit der Fliegenklatsche auf die Scheibe, wo die Nasen klebten. Auch beschlossen wir, bloß nicht Maler zu werden, wir fanden beide Kompromisse, sie wurde Gärtnerin im Moor, ich Schriftsteller in der Großstadt, aber das Leben von Paula Modersohn-Becker in Worpswede hat mich trotzdem immer tief berührt.

Nie hat sie einen einzigen Touristen für ihre Malerei gesehen, vielleicht schlug ich auch deshalb mit der Fliegenklatsche auf die Touristen, weil sie ja immer zu spät kommen. Sie kommen immer dann, wenn etwas so berühmt ist, dass schon das Klischee die Kunst überlagert.

Ein Klischee ist zum Beispiel, dass es ohne Worpswede diese Paula nicht gegeben hätte; dass ohne Land und Boden und Bauern diese Seelentiefe nicht möglich gewesen wäre. Ich glaube etwas anderes.

»Wie schauderhaft muss es Künstlern zumute sein, die ohne Widerhall arbeiten«, bemerkte Käthe Kollwitz.

Paulas Abende mit dem einstigen Lehrer, dem eintönigen Fritz Mackensen, der mit Hängen und Würgen seine Moormotive malte mit erbgesunden Familien, später dann mit U-Boot-Kommandanten, die in britische Gewässer vorstoßen.

Paulas Ehe mit dem zwar meisterlichen Ehemann Otto Modersohn, der allerdings den einsilbigen Kunstauffassungen des Nationalsozialisten Langbehn anhing, wonach große Kunst lokal, nichts als lokal zu sein habe, so eine

Mischung aus Agrarromantik und dem Geist der Scholle plus Wolkenprosa.

Paulas Ablehnung durch die anderen Kolonialisten Worpswedes, die auch alle lokal, nichts als lokal sehr schön das Moor malten.

Paula hätte sich in Rodin verlieben müssen, in Maillol oder mit Clara Westhoff in Paris bleiben sollen, um diese auch gleich vor Rilke zu retten.

Clara und Paula in einer WG in Paris, die Kunstgeschichte wäre jetzt noch reicher! Aber Modersohn reiste ihr nach, Worpswede reiste ihr nach, heute begreife ich das: Jedem Künstler reist Worpswede nach, manchmal sogar bis nach Essen ins Badezimmer, in dem man dann harmlose Flachlandschaften demoliert.

Paula Modersohn-Becker war die Einzige unter den Malern jener Jahrhundertwende in Worpswede, die wirklich bedeutend war. Bezeichnenderweise hat sie es dort nicht ausgehalten.

Der wundervolle Heinrich Vogeler ging viel zu spät und dann auch noch in die falsche Richtung ... Er hat sich zwar in der Kunst noch für neue Formen öffnen, aber sie am Ende nicht mehr im Werk gestalten können, er starb einsam in Kasachstan, im sowjetischen Arbeitslager. Auch Rilke wandte sich – zu spät für Clara Westhoff – von Worpswede ab, hin zu Rodin, dann zu Cézanne, die beide Rilkes Sehen veränderten. Paula wandte sich über Manet und Monet zu Gauguin und van Gogh, von denen die Schollengeister in Worpswede nichts wissen wollten. Und leider konnte sie Cézanne nicht mehr ganz in sich verarbeiten.

Was wäre also aus Paula noch alles geworden, wenn nicht ihre Ehe sie gehalten hätte und dieser Kolonie-Geist, der glaubte, dass nur auf dem Land die tiefere Wirklichkeit zu finden sei.

In dem Haus meiner Tante in der Hembergstraße hing das Bild »Selbstbildnis vor Fensterausblick auf Pariser Häuser«, es hing eine ganze Kindheit lang über unseren Worpsweder Legosteinen.

12

How was it on the moon? / Begegnung mit Edwin Buzz Aldrin

Am 9. September 2001 bebte in Los Angeles die Erde. Zur gleichen Zeit fand die »German Week« des Goethe-Instituts statt. Ein Pianist spielte Johann Sebastian Bach, bis er vom Hocker fiel, offensichtlich lag das Epizentrum unter dem Goethe-Institut. Am Abend war ich an der Reihe, Premiere im Odyssey Theatre in Hollywood.

Schauplatz meines Stücks ist Berlin, es geht darum, dass Berlin untergeht. Erdlöcher tun sich auf, S-Bahnen versinken, der Funkturm ist nur noch so groß wie eine Ampel, die Schauspieler flüchten sich ins Theater und spielen bis zum Ende »Romeo und Julia«. Die Regisseurin hatte entschieden, statt Berlin lieber New York untergehen zu lassen, und tauschte den Funkturm gegen das World-Trade-Center aus, zwei Tage vor 9/11.

Nach der Aufführung sagte ich zur Leiterin des Goethe-Instituts: »Wir haben Glück gehabt, die Erde hat nicht mehr gebebt. Geht es dem Pianisten wieder besser?«

»Ja. Er ist ja nicht so tief gefallen. Haben Sie denn schon mal einen Mann gesehen, der auf dem Mond gewesen ist?«, fragte sie.

»Auf dem Mond??«, antwortete ich.

Dann führte sie mich zu einem älteren Herren. »Das ist Edwin Buzz Aldrin, Mitglied im Förderverein des Odyssey Theatre und der zweite Mensch auf dem Mond im Rahmen der Apollo-Mission.«

Ich sah einen Mann im blauen Anzug. Er hatte ein paar weiße Haare an den Seiten, der Rest des Kopfes war eine weite glatte Fläche.

»You are the writer?«, fragte er.

Ich starrte ihn an. Wie oft hatte ich als Kind den Mond angesehen! Gesichter in ihm erkannt. Mir vorgestellt, wie es da aussah. Und wie ein Mensch dort hingelangen konnte. Die Mondlandung vom 20. Juli 1969 war in meiner Familie ein großes Thema. Unser Nachbar arbeitete beim Weltraumzentrum Bremen und war an der Entwicklung der Hitzeschutzkacheln für das Spaceshuttle beteiligt. Außerdem lebten wir im Moor, da war der Mond mit seiner wasserlosen Welt wie eine Verheißung.

»Yes«, antwortete ich, mehr nicht, ich starrte nur weiter. Mein Gott, der zweite Mann auf dem Mond! Er sah so sympathisch aus und mit seiner großen Glatze und den weißen Resthaaren, wie eine Mischung aus meinem Großvater, Gorbatschow und Friedrich Nowottny von den »Tagesthemen«.

»The only thing I wrote was my dissertation«, sagte Aldrin und lächelte.

Seine Doktorarbeit lautete »Navigationstechniken für bemannte Rendezvous im Orbit«, darüber hatte unser Nachbar Vorträge gehalten, bevor er an den Hitzeschutzkacheln scheiterte. Aldrin hat den Mond 20 Minuten nach Armstrong betreten. Es gibt ein berühmtes Foto: Aldrins Fußabdruck auf dem Mond, so deutlich, als ob er bei uns ins Moor getreten wäre. Das andere berühmte Bild: Aldrin, fotografiert von Armstrong, der sich im Augenfenster von Aldrins NASA-Anzug spiegelt.

Da ich immer noch schwieg und Aldrin anstarrte, fragte er: »Interesting play. But why is the World-Trade-Center gone?«

Ich überlegte, ob in meinem Stück etwas über den Mond vorgekommen war. Irgendeine Stelle mit dem Mond, bei der sich Aldrin vielleicht gefreut haben könnte. In meinem Stück wird »Romeo und Julia« zitiert, die Monde des Uranus wurden nach Figuren von Shakespeare benannt! Ich wollte es gerade sagen, dann dachte ich, dass es lächerlich sei von Uranus und Shakespeare zu erzählen, wenn ich einem Mann gegenüberstand, der auf dem richtigen Mond gewesen war. Ich sagte lieber nichts und starrte weiter.

Ob er wohl stumm ist und verhaltensgestört?, dachte Aldrin bestimmt, zumindest sah er irritiert die Goethe-Frau an. Ich spürte, dass ich als deutscher Autor im Rahmen dieser Goethe-Mission endlich etwas Intelligentes sagen musste.

Ich fragte: »Mr Aldrin, how was it on the moon?«

Das war's. Mr Aldrin drehte sich um und ging.

Noch heute überlege ich, ob ich etwas anderes hätte fragen sollen. Wahrscheinlich hatte er sich von einem Autor eine originellere Frage erhofft. Vielleicht nervte ihn auch der Mond? Vielleicht konnte er es nicht mehr hören, dass er nur der Zweite gewesen war? Vielleicht flüchtete er beim Thema Mond, weil es immer die Wörter »second man« beinhaltete.

Buzz Aldrin habe ich noch einmal in München gesehen, anlässlich der Premiere des Films *Im Schatten des Mondes*. Ich überlegte, zu ihm zu gehen und zu sagen: »Tut mir leid mit der Mondfrage damals. Was haben Sie eigentlich gedacht, als zwei Tage nach dem Theaterabend das World Trade Center wirklich weg war?«

Aber ich traute mich nicht mehr, ihn anzusprechen. Ich starrte nur aus der Ferne auf seinen großen, glatten Kopf wie auf eine Mondlandschaft.

13

Das Drama der Meerjungfrauen / Über Theater, Fische, Gräten und Restflossen

Ich saß im Theater, im »Sturm« von Shakespeare. Also, Shakespeare stand zwar draußen auf dem Plakat, aber drinnen gab es sein Stück nur im groben Ablauf. Ich stellte mir Shakespeare als Fisch vor, den man im Restaurant bestellt, und stattdessen kommt eine kalte Wirbelsäule mit Gräten und einer Flosse.

»Entschuldigen Sie, wo ist denn der Fisch?«

»Wieso, das ist doch Fisch, gucken Sie mal hier, die Flosse!«

»Ja, ja, aber die Flosse hat doch nur die Funktion, dass der Fisch irgendwo ankommt, was soll ich mit der Flosse, wenn ich Fisch will? Bringen Sie mir bitte Fisch mit was um die Gräten rum!«

»Nee, machen wir nicht. So wie Sie Fisch wollen, läuft das nicht! Lächerlich, stecken Sie sich die Flosse in den Mund, und stellen Sie sich vor, wie Fisch ist, Sie wissen doch, wie Fisch ist, Sie Dödl, Sie Kassenbongucker!«

»Häh? Aber warum schreiben Sie denn dann Fisch auf Ihre Karte? Sie müssen schreiben: Gräten mit Flosse! Fisch bitte vorher zu Hause essen und Geschmack merken! Wissen Sie, welchen Verdacht ich schon seit Langem habe? Sie schreiben Fisch auf Ihre Karte, damit jeder sehen kann, wie originell Sie sind, wenn Sie dann mit Ihrer Restflosse hier antanzen. Wie mich das nervt! Meinen Sie denn, der Fisch findet das lustig? Dann erfinden Sie doch mal einen eigenen Fisch! Servieren Sie etwas, was wirklich von Ihnen ist, wenn Sie schon so originell sind! Aber nein, Sie hängen sich immer noch schön an die Gräten dran. Und an die Flosse. Ich weiß schon, wie Sie das in der Küche nennen: dekonstruierter, gebrochener Fisch, postdramatischer Fisch! Aber warum dann überhaupt noch Fisch? Servieren Sie uns doch einfach gleich das, was in Ihren Augen nach dem Fisch kommt! Ich bin für jedes eigene neue Gericht offen! Ich warte!«

Nach der Aufführung sah ich in der Entfernung den Schauspieler Thomas Schmauser (Caliban). So ein wunderbarer Schauspieler, dachte ich. So wache Augen, so eine Beweglichkeit. Hat man mit solch einem Schauspieler nicht Gegenwart genug?

Es gibt den Gedanken von Ionesco, dass das Theater die Einführung eines Außerzeitlichen in die Zeit verlange. Für mich ist dieses Außerzeitliche die Sprache der alten Dramatiker, deren Stücke man sich vornimmt, also, deren Vorlagen man heute leider – rannimmt.

»Wissen Sie, was ich glaube?«, habe ich dann noch zum Gräten- und Restflossen-Kellner gesagt: »Shakespeare ist eine Meerjungfrau. Überhaupt, alle Dramatiker sind Meerjungfrauen. Eine Meerjungfrau ist etwas sehr Schönes, aber zu ihr ins Wasser, um dort zu leben, kommen nur noch wenige. Wenn sich die Meerjungfrau trotzdem verlieben will, dann muss sie ans Land, aber da kann sie eigentlich nicht leben. Also pendelt sie immer zwischen Land und Wasser, und ich fürchte, dass sie dabei unglücklich wird.«

14

Mein Weg / Die Bundeskanzlerin und das moderne Regietheater

Lieber Michael,

ich schreibe Dir aus Salzburg, wo ich Ferien mache, nach Dubai, wo Du, wie ich mit Freude höre, eine Oper für eine Milliarde Dollar baust. Glückwunsch dazu! Aber jetzt habe ich mal eine Frage: Gestern kam ich aus der Oper »Eugen Onegin«, die ich interessant fand, wie ich auch »Die Meistersinger von Nürnberg« in Bayreuth interessant fand, und da wird mir nun in der Hotellobby der Schauspieler und Helmut-Kohl-Darsteller Thomas Thieme vorgestellt, der in Salzburg vier Stücke von Molière gleichzeitig spielt.

Ich sagte zu Thieme: »Ah, interessant, was ist denn wohl Ihr Lieblingszitat von Molière, Herr Thieme?« Und er sagte: »Ich bin die Kackwurst im Porzellanbecken, Frau Merkel.« Ich wollte gerade »interessant« sagen, da ist er schon mit dem Fahrstuhl weg.

Kennst Du diesen Thieme? Ist das ein Fall für Schäuble, ich meine, man sagt doch nicht einfach zur Bundeskanzlerin »Ich bin die Kackwurst im Porzellanbecken« und fährt dann mit dem Fahrstuhl weg? Sprechen moderne Künstler heute so, oder ist das einfach nur dieses »Regietheater«? Bitte schreibe mir mal ein paar Worte zum »Regietheater«, Du kennst Dich doch aus, ich will nämlich in Zukunft nicht immer nur »interessant« sagen, wenn mir ein moderner Künstler vorgestellt wird und plötzlich »Ich bin die Kackwurst im Porzellanbecken« sagt.

Mensch Michael, weißt Du noch, wie wir beide als

kleine Physiker in Ost-Berlin sinnlos für den Sozialismus herumgedoktert haben, Du mit Deinen Molekülen, ich mit meinen Elementarreaktionen? Und jetzt baust Du in Dubai was für eine Milliarde, und ich bin Bundeskanzlerin ... Wir Ossis!

Komme gerade vom Sommerinterview mit Kloeppel. Koalitionsfragen, EU, Krise, Obama, Mindestlohn, das Übliche. Ich schüttele das mittlerweile alles aus dem Ärmel. Apropos Ärmel. Wurde auch in Dubai in den Medien gezeigt, was für eine Handtasche ich in Bayreuth hatte? Du kannst dir nicht vorstellen, was da los war!

Meine Handtasche hatte keinen Henkel oder Träger, sondern eine verdeckte Handschlaufe! Man sprach von »Merkels schwebender Zaubertasche« ...

Weißt Du, Michael, ich weiß ja nicht, was in meinem Leben noch alles kommen soll, aber als ich in Bayreuth zu den »Meistersingern« über den roten Teppich lief, da hatte ich das Gefühl, ich hätte nur die Handtasche hochhalten müssen – und dann wäre ich gegen alle physikalischen Gesetze wie Harry Potter auf dem Besen oder Angelina Jolie in *Lara Croft* über Stoiber, diese Kackwurst und Gottschalk hinweg als erste fliegende Bundeskanzlerin meiner Handtasche hinterhergeflogen. Man hätte dies als Sinnbild für meinen Weg in Deutschland werten können. Der SPD-Vorstand fährt übrigens mit dem Fahrrad an der Mosel lang, lach ...

Nee, die SPD tut mir echt schon fast leid. Lass uns, Michael, um eine Milliarde wetten, dass ich bis 2021 Bundeskanzlerin bleibe!

Ich maile dir aus dem Bett, Joachim sitzt noch am Schreibtisch und forscht. Du weißt ja, er arbeitet seit Jahrzehnten an Elementarreaktionen in Zeolithen. Wo wir hinkommen, packt er seine Zeolithe aus, wie mich das manchmal nervt, ob in Polen, in Bayreuth oder jetzt in Salzburg: Joachim und die Zeolithe! Ich kümmere mich um Deutschland, um Europa, mein Mann um die Zeolithe ... Kann der nicht mal einen auf Carla Bruni machen?

Na ja, bist Du gerade solo in Dubai? Wenn Thieme eine »Kackwurst im Porzellanbecken« ist, dann bist Du aber eine »Thüringer in der Ölpfanne«, Du kommst doch aus Thüringen, lustig, was?

Maile mir auf jeden Fall zum Regietheater an meinen Privataccount angie_angelina@freenet.de. Und grüß den Scheich.

Gute Nacht, Deine Bundeskanzlerin

15

Fiktion und Wirklichkeit / Über das Romanhafte

Autoren gehen auf Lesereise, das ist nichts Weltbewegendes, obwohl man manchmal an kulturell interessante Orte kommt. Letzte Woche las ich in einem Autohaus in Sottrum und auf einer Barkasse auf der Elbe. Manchmal wache ich morgens auf und reiße panisch die klebrige Gardine dieser typischen Lesereisenhotels auf, weil ich keine Ahnung mehr habe, wo ich bin. Einmal rief ich die Rezeption an und fragte: »Wo bitte bin ich denn?? Kassel? Oder doch Bochum?« – »Nee, Augsburg!«, hat sie geantwortet, die Rezeptionistin.

Lena, die Erfindung des iPad und den Zerfall unseres Staates nehme ich nur am Rande war. Als der Bundespräsident zurücktrat (ich weiß schon gar nicht mehr welcher?!), war ich gerade auf Lesereise im Norden und bei einer der Töchter vom NS-Reichsbauernführer Richard Walther Darré zum Tee eingeladen.

Man muss dazu sagen, dass mein Roman (»Der Mann, der durch das Jahrhundert fiel«) in der Künstlerkolonie Worpswede spielt und dass die Hauptfigur im Garten seines Großvaters diese riesige Skulptur von Darré, des ersten Reichsbauernführers von Hitler, findet, was nicht erfreulich ist. Der Reichsbauernführer war nie in Worpswede, das ist Fiktion, aber seine Tochter lebt dort, was ich überhaupt nicht wusste, es wusste niemand. Und das, was die Tochter mir dann beim Tee mitteilte, hat mich sehr bewegt. Wie sehr ihr diese Fiktion geholfen habe, ihren Vater loszulassen, abzustoßen und endlich zu begraben. Wie sie das Buch ihrer Schwester in Gießen geschickt habe, mit der sie über dreißig Jahre nicht mehr gesprochen habe, weil diese sich jedes kritische Wort über den Vater verbiete.

Dann zeigte sie Fotos von früher, und ich sah in das Gesicht eines Mädchens, an das ich mich erinnern konnte, Maren, einer meiner Jugendfreunde war in Maren verliebt, ich vielleicht auch, so viele Mädchen gab es ja in Worpswede nicht.

Aber wie hätte ich damals ahnen können, dass ich anhand des Großvaters dieser Maren später das ganze Jahrhundert von hinten aufzäumen würde?

Ein paar Tage später ist in Hannover wieder etwas passiert. Ein älterer Mann kam nach der Lesung und stellte einen Taufbecher auf mein Buch.

»Wissen Sie, von wem der ist? Von Darré, dem ersten Bauernführer!«

»Wie kommen Sie denn zu diesem Becher, das ist ja verrückt?«, fragte ich.

»Darré ist mein Patenonkel«, sagte er. »Ich bin der Sohn vom zweiten Reichsbauernführer Herbert Backe.«

Ich war blass, gegen Backe war Darré ein Lamm, er wurde von Hitler ausgetauscht, weil Backe konkrete Pläne hatte, wie man den Krieg gegen die Sowjetunion vorbereiten und wie man durch »Aushungerung des Ostraums« für »arischen Lebensraum« sorgen könne.

Im Roman wird dieser Nazi-Backe auch ausgegraben, das wusste aber der Backe-Sohn nicht, als er vor mir stand, er hatte nur in einer Zeitung gelesen, dass sein Patenonkel Darré in dem Roman vorkommt.

Mittlerweile bin ich besessen von der Idee, alle Töchter und Söhne der Reichsbauernführer zusammen zum Tee einzuladen, um zu sehen, wie sich Leben und Fiktion mischen. Wie das Vergangene plötzlich in die Gegenwart greift. Und vielleicht genau das passiert, was Paul, der Hauptfigur, in meinem Roman widerfährt: dass er sich nämlich nach und nach herausschält aus den Zeiten und dass in jede Gegenwart immer unsere Väter und Vorväter hineinwinken, sie präludieren. Wie auf einem wankenden Grund steht Paul mit den ausgegrabenen Bauernführern auf der Kriegs- und der 68er-Generation. Man kann noch so vehement den radikalen Gegenwartsroman oder das Gegenwartstheater einfordern, aber was soll das sein, wenn man nichts über die Geschichten und die wankenden Gründe der Menschen wissen will?

PS: Bei einer Lesung in meiner alten Studentenstadt Gießen stand ich vor dem Schuhgeschäft »Darré« im Seltersweg, wo ich früher immer Turnschuhe gekauft habe, nicht unweit von Georg Büchners Wohnung, er studierte in Gießen von 1833 bis 1835 Medizin. Ich starrte auf das Schild: »Schuhhaus Darré«. Ich beobachtete durch das Fenster die ältere Schuhverkäuferin mit dem Schild »Frau Darré« auf ihrem Kittel. Ich könnte wetten, dass sie die Schwester der Darré-Tochter aus Worpswede ist.

16

Grabowski statt Grass! / Über deutsche Debatten

Vor ein paar Tagen traf ich in Ankara einen türkischen Autor und Übersetzer; hochintelligent, sehr erfolgreich, zudem ein ausgewiesener Hypochonder. Nie hat er in seinem Leben das Angebot bedeutender Auslandsstipendien oder Lesungen angenommen, weil er davon ausgeht, sich im Ausland zu vergiften, abgesehen von der Tatsache, dass er nie in ein Flugzeug steigen würde. Er treibt vermutlich auch keinen Sport, verlässt kaum das Haus und meidet überhaupt die Öffentlichkeit; besonders die Begegnung mit der Presse hält er für glatten Selbstmord.

Sein Telefon klingelte, er nahm ab, sagte nur »Suriye? Hayır!« und legte auf.

»Zu Syrien äußere ich mich nicht, zu gefährlich«, erklärte er mir.

Dann klingelte mein Telefon, Anruf aus Deutschland, ob ich mich zur Günter-Grass-Debatte über dessen Israel-Gedicht äußern wolle. »Grass? Israel? Um Gottes willen«, antwortete ich. »Zu Grass und Israel äußere ich mich nicht, da wäre doch jede Differenzierung glatter Selbstmord! Auf Wiederhören.«

»Etwas Schlimmes?«, erkundigte er sich.

»Ja. Eine deutsche Debatte«, erklärte ich, ich war wirklich froh, dass gerade dieser blasse, lebensvorsichtige Autor neben mir saß.

»Aber ist es nicht noch gefährlicher«, fragte ich, »ausgerechnet in der Türkei unter der AKP-Regierung von Erdoğan, diesen Beruf auszuüben, und dann auch noch als Hypochonder?«

Er sah mich nachdenklich, fast erschrocken an, dann klingelte wieder sein Telefon. »Güzel, Güzel! Güzel!«, rief er. Ich fürchtete, er solle sich jetzt auch zur Günter-Grass-Debatte äußern, aber er war gar nicht mehr blass, sondern strahlte. Er legte auf und erklärte, er sei soeben berufen worden.

»Herzlichen Glückwunsch, zum Professor?«

»In die türkische Nationalmannschaft der Autoren!«, er sah mich dabei feierlich an.

»Fußball?«, fragte ich.

»Probetraining in İstanbul!«, antwortete er.

Fünf Minuten später ließ er sich über den Verlag einen Flug buchen und ging aufgeregt wie ein Kind Fußballschuhe mit mir kaufen, obwohl wir uns eigentlich getroffen hatten, um eine Übersetzung durchzusprechen.

»Zidane hatte goldene Schuhe. Vielleicht nehme ich goldene?«, sagte er.

»Ribéry spielt manchmal mit pinken«, sagte ich.

»Drogba und Ronaldo spielen mit dem Superfly II, den gibt's in allen Farben«, sagte der Verkäufer.

Am Nachmittag nahm mein türkischer Übersetzer im Atatürk-Park das Lauftraining mit den Superfly-II-Schuhen auf, ein einfacher Noppenschuh hätte es meiner Meinung nach auch getan. Ich lief ein bisschen mit, schließlich muss man den Atatürk-Park gesehen haben.

Wie wundervoll durchblutet mein türkischer Kollege plötzlich war. Manchmal rief er während des Laufens Namen: »Köppel!« zum Beispiel oder »Schwarzenbeck!«, »Heynckes!«, »Netzer!«, er kannte die gesamte deutsche Mannschaft von 1972, die in Belgien Europameister geworden war, besonders den Namen »Grabowski!« rief er mehrere Male durch den Atatürk-Park.

DAS LEBEN HINTER DEN NACHRICHTEN
(Reisen)

1

Der Palästina-Blues / Zehn Tage in Ramallah, Jericho und Dschenin

Für Juliano †

Vielleicht war es ein guter Moment, um in Palästina einzureisen. Die ersten heißen Tage, starker Wind, die Straße am Checkpoint Qalandiya staubte so, dass ich weder den Anfang noch das Ende des Staus sehen konnte. Überall weißer Staub. Irgendwann lief ein israelischer Soldat um das Auto des Goethe-Instituts herum, starrte auf diesen riesigen Goethe-Aufkleber auf dem Auto und winkte uns gelangweilt durch. Ich war sogar etwas enttäuscht. Man darf eben nicht mit einem Auto vom Goethe-Institut durch die Welt reisen, wenn man wissen will, wie die Wirklichkeit ist.

Da waren die am Flughafen in Tel Aviv schon etwas gründlicher. Wer »Ramallah« und »Dschenin« als Zielort angibt, lernt automatisch die Herren von der Flughafenpolizei kennen, die Verhöre führen, wie ich sie bisher nur aus Filmen kannte.

Direkt hinter dem Checkpoint sehe ich Palästinenser, sie standen stundenlang in der Schlange und haben alle weiße Haare voller Staub. Adania Shibli, die palästinensische Autorin, die ich in Ramallah treffe, hat über diesen weißen Staub geschrieben: »Er hat seine Existenzberechtigung, denn er beweist, dass ich den Checkpoint durchquert habe, deshalb muss ich ihn so lange wie möglich ertragen, das ist das Mindeste.«

Adania ist eine junge Frau mit dunklen wachen Augen. Sie hat auch Weiß in den Haaren, die sonst bereits grau sind, sie sieht aus wie eine Mischung aus Susan Sontag und Alice Schwarzer in jung.

»Sag mal, hast du meinen Namen am Flughafen gesagt?«

»Nein«, sage ich, »nur den von Goethe, den kannten die aber gar nicht.«

Sie bedankt sich, und wir fahren mit ihrem Freund Yazid durch Ramallah. Während ich darüber nachdenke, warum sie sich bedankt hat, dreht sie sich um und erklärt, dass sie letztes Jahr im Museum in Tel Aviv verhaftet worden sei, als sie für ein Buch recherchierte.

»Also, in Deutschland«, sage ich, »werden Autoren nie verhaftet, wir kriegen nur Stipendien.«

Ob ich beeindruckt sei, wie ernst die Israelis die palästinensischen Künstler nehmen, fragt Adania.

»Ja, ja«, sage ich und denke wieder an den Flughafen und das Vernehmungszimmer.

Mittlerweile fahren wir eine steile Straße hinauf, das Stadtzentrum liegt sehr hoch, auf dem »Gotteshügel« – das bedeutet Ramallah. Yazid fragt mich, ob ich Palästina mag. Ich schaue aus dem Fenster: Kinder rollen mit Einkaufswagen zwischen gelben Taxis umher, die jeden anhupen, der potenziell eine Fahrt bezahlen könnte. Durch das Fenster werden von Kinderhänden gelbe Bohnen, Tücher und Postkarten mit Zidane, Figo, Ronaldinho gereicht. Die Frauen teils verhüllt oder nur mit Kopfbedeckung, dann wieder in Jeans und mit offenem schwarzem Haar und roten Lippen. In einer Konditorei sehe ich eine Schwarzwälder Kirschtorte.

Eigentlich schäme ich mich. Zuletzt habe ich mich in Sarajevo geschämt, als ich eine ins Mittelalter zurückgebombte Stadt erwartete und dann lange auf einen EC-Automaten neben einer Discothek starrte. Wenn man jahrelang nur CNN guckt, erwartet man in Ramallah Hamas-Terroristen und Kinder mit Steinen, aber keine Torten oder Frauen mit roten Lippen.

»Ramallah ist das Baden-Baden von Palästina«, sagt Yazid. Er hat in Dortmund vier Jahre Landschaftsplanung studiert und gehört zu den privilegierten Staub-Palästinensern, die vermutlich einen israelischen Pass haben, aber das fragt man besser nicht.

Wir fahren auf einer holprigen Straße in die Berge um Ramallah. Ich frage Adania, wie ich mir das Flüchtlingslager in Dschenin vorstellen muss, wo wir in ein paar Tagen lesen sollen.

Das Lager sei im April 2002 durch israelische Panzer dem Erdboden gleichgemacht worden, um dort »Terroristen« zu vernichten, erklärt Adania. Bei »Terroristen« zeichnet sie mit zwei Fingern lächelnd Häkchen in die Luft.

Oh Gott, denke ich, »Terroristen« mit zwei Häkchen … Als ich darüber nachdenke, ob man mir die Häkchen, die An- und Abführungszeichen, wenn ich sie übernehme, zu Hause in Deutschland als Antisemitismus auslegt, haben Adania und Yazid im Auto bei Tempo 100 zu streiten begonnen.

Yazid sagt, die Flüchtlinge hätten ihr Leben seit 1948, seit der Gründung Israels und ihrer Vertreibung, längst besser gestalten können.

Adania wird immer wütender. Nie habe die Autonomiebehörde unter Arafat ein Interesse daran gehabt, dass es den Flüchtlingen besser gehe, im Gegenteil: der temporäre Charakter ihrer Zuflucht solle erhalten bleiben, um Druck zu machen auf Israel, das noch nicht einmal die Flüchtlinge als solche anerkannt habe!

Yazid hält dagegen, er schreit sogar: »Adania, du hast von der ganzen Flüchtlingspolitik überhaupt keine Ahnung! Das hat doch nicht an Arafat gelegen, sondern daran, dass man alles in die Hände der UNO gelegt hat!«

Ich klopfe Yazid auf die Schulter und weise ihn darauf hin, dass 30 Meter vor uns ein Esel steht. Dann gibt es eine Vollbremsung.

Wir lassen das Auto beim Esel stehen und laufen in die Berge.

Die Luft voll von Thymian, Oregano, Salbei und Olivenduft. Über den grünen Bergen vereinzelt weiße Häuser, weiße Steine, ganz sanft liegt alles da. Man hört nur den Gesang eines Gebets, das von einem anderen Dorf aufgenommen wird, bis bald ein ganzer Kanon über der Bergwelt liegt.

Als wir zurückgehen, sehe ich den Esel wieder, vor dem Pflug eines Bauern, beide beackern einen absurd schrägen Streifen Land.

Adania und Yazid grüßen. Ich grüße auch, ich sage sogar laut »Shalom«, aber nur, damit die beiden nicht wieder im Auto streiten, sondern vielleicht stattdessen eine Koalition gegen mich bilden, dann kann Adania mit mir wegen des »Shaloms« schimpfen und Yazid sich aufs Fahren konzentrieren. Außerdem bin ich froh, dass der Esel die Flüchtlingsdebatte überlebt hat.

Am nächsten Tag bin ich zu einem Barbecue in einer vornehmen Gegend von Ramallah eingeladen.

Abed, ein kräftiger Mann Mitte dreißig, steht am Grill und wendet andächtig Lammstücke. Er ist für den Wirtschaftsteil einer Zeitung verantwortlich. Vor 15 Jahren flüchtete er aus Gaza nach Ramallah, um an der Universität zu studieren.

Wir unterhalten uns über die Fußball-WM. Er fragt, ob ich ein Spiel im Stadion gesehen hätte.

»Ja, Deutschland gegen Italien.«

Abed steht ehrfürchtig auf, dann umarmt er mich und sagt: »Die Italiener fallen immer hin, das sind Heulsusen in Designerunterwäsche, die nur Spaghetti essen!«

Abed liebt die Deutschen, was mir plötzlich sehr unangenehm ist.

Ich überlege noch, ob ich ihn fragen soll, ob er das eigentlich in sportlicher Hinsicht meint, dann erklärt er mir, dass es sein größter Traum sei, einmal ein Spiel im Stadion zu erleben.

Ich merke plötzlich, wie der Grill zischt und Abed sich schnell die Augen reibt.

Später erklärt mir Adania, Abed habe nie zuvor mit einem Menschen gesprochen, der ein WM-Spiel im Stadion gesehen habe. Seine Eltern in Gaza konnte er nie mehr besuchen. Als sie starben, durfte er nicht einmal die Möbel holen. Ein Ressortleiter für Wirtschaft, der in seinem Job über Weltökonomie und Globalisierung schreibt und im wirklichen Leben nicht einmal ins 15 Kilometer entfernte Ost-Jerusalem reisen darf.

Auf dem Rückweg fahren wir an der Mukataa vorbei, Arafats einstigem PLO-Hauptquartier, in dem jetzt der neue Palästinenserpräsident residiert, eine scheußliche Baracke mit Mauer und Soldaten und Fahnen. Fast alle Häuser hier haben neue Türen, weil man im April vor fünf Jahren, als die Israelis Ramallah belagerten, bei Hausdurchsuchungen nicht klingelte, sondern die Türen und Wände wegsprengte.

Gegenüber der Mukataa lebt die Schwiegermutter von Suad Amiry, einer palästinensischen Architekturprofessorin, die Folgendes berichtet: Als die Israelis Arafat belagerten und die Schwiegermutter um fünf Uhr morgens ihre sehr laute Cappuccino-Maschine betätigte, eröffneten die Panzer das Feuer.

Farid Majari treffe ich am Manara-Kreisel, wo ein Verkehrspolizist in einer Art arabischem Breakdance gemischt mit Elementen aus indischen Bollywood-Filmen den Verkehr regelt, einmal rollt er sogar in smarter Uniform mit Krawatte über die Kühlerhaube eines Gemüsewagens.

Majari ist Leiter des Goethe-Instituts. Er muss oft telefonieren, mit mehreren Handys, zudem organisiert er auch noch mein Gepäck, das seit der Befragung durch die Flughafenpolizei in Tel Aviv verschwunden ist.

Ich hatte folgende Bücher im Koffer: »Sharon und meine Schwiegermutter«, das Kriegstagebuch von Suad Amiry; »Selbstmordattentate: Terroristen und Amok«, eine Untersuchung anlässlich des 11. September. Und: »Die Welt am Abgrund: Jeder Mensch eine Bombe?«, ein anthroposophischer Sammelband über Nationalismus und das »Böse im Menschen«.

Majari fragt mich etwas irritiert, ob ich nicht von den Berliner Festspielen gebrieft worden sei, die seien doch Hauptveranstalter vom »Westöstlichen Diwan«.

Majari hatte, als er vor vier Jahren nach Ramallah kam, noch mit deutschen Künstlern zu tun, die israelisch-palästinensische Friedensprojekte entwickelten. Meist war es so, dass die Deutschen eine Schaumstoffwand mitbrachten und dann feierlich ein Loch hineinmachten, damit sich Israelis und Palästinenser durch das Loch die Hand reichten.

So etwas haben die Palästinenser hier nicht ausgehalten, sagt Majari. Die Israelis vermutlich auch nicht.

Am Abend sehe ich palästinensische Frauen tanzen. Sie rufen »Olé, olé«. Die jungen tragen eng anliegende Kleider, ihre Kopfbedeckung scheint ein Freibrief für die engsten Röcke zu sein. Und man kann auch viel besser mit den kopfbedeckten Frauen flirten als mit denen ohne Kopfbedeckung.

Ich treffe Alia Rayyan, eine 33-jährige Palästinenserin, deren Vater nach Deutschland flüchtete, bis nach Ritterhude. Das soll was heißen, wenn man bis nach Ritterhude flüchtet! Ritterhude liegt gleich neben dem Ort, aus dem ich komme, norddeutsche Tiefebene, für einen Palästinenser bestimmt der Horror.

Alia arbeitet bei der Heinrich-Böll-Stiftung in Ramallah an Vorträgen über die Wahrnehmung Palästinas durch die Medien. Eine ihrer Lieblingsbeschäftigungen ist es, an den Checkpoints verschiedene Images durchzuspielen, um die israelischen Grenzsoldaten zu testen. Manchmal macht sie einen auf Businessfrau mit großer Sonnenbrille und engem Kostüm, was die Israelis fassungslos macht. Richtig zutraulich werden sie bei »Partygirl«: betrunken von Jerusalem nach Ramallah, und alles ist super. Wenn sie allerdings mit Kopftuch auftaucht und dabei noch ein bisschen ängstlich guckt, dauert es Stunden.

Wenn Alia die Checkpoints passiert, hat sie fünf Papiere dabei. Einen Dienstpass vom Auswärtigen Amt für die Böll-Stiftung. Ein Arbeitsvisum von den Israelis. Eine einjährige Aufenthaltsgenehmigung. Einen »Multiple-Entry«-Ausweis von den Israelis. Und die »weiße Karte«, ein Schutzausweis vom Repräsentationsbüro der Deutschen.

Am nächsten Tag fahre ich in einem normalen Bus ohne »Goethe« durch die Wüstenberge nach Jericho, 300 Meter unter dem Meeresspiegel. Den Kindern im Bus, die lange gefroren haben, weil sie am Qalandiya-Checkpoint im Regen stehen mussten, wird wieder warm.

Ich denke an die zwei palästinensischen Kinder, mit denen ich gestern über den Dächern von Ost-Jerusalem Drachen steigen ließ. Israelische Kinder liefen herüber und schauten zu. Einmal verhedderte sich ein vorbeieilender orthodoxer Jude in der Schnur, als die Kinder einen dritten Drachen steigen lassen wollten. Ein jüdisches Mädchen verfolgte mit strahlenden Augen die Flugbahn der Drachen, bis eines der Kinder ihre Hände nahm und sie vorsichtig um die Drachenschnur legte. Jetzt durfte das Mädchen den palästinensischen Drachen lenken.

Es war so ein friedliches Bild.

Mittlerweile sind wir kurz vor Jericho, Arafats Stadt, die älteste der Welt. Am Checkpoint stehen vier gepanzerte israelische Soldaten, der eine spielt Kaugummi kauend einen Meter vom Bus entfernt mit den Fingern am Auslöser seines Maschinengewehrs. Der andere legt den Gewehrlauf so, dass er durchs Fenster direkt auf die Kinder gerichtet ist. Als es weitergeht, sagen sie kein Wort. Die Kinder scheinen das schon zu kennen.

In Jericho sitze ich eine Stunde auf einem 2000 Jahre alten Stein. Danach kaufe ich mir im Old-City-Souvenir-Geschäft eine Krawatte. Ich habe mir noch nie in meinem Leben eine Krawatte gekauft. Sie ist wüstengelbgrau.

Adania Shibli hat mich wieder nach Ost-Jerusalem eingeladen.

Wir treffen den Vater des palästinensischen Theaters, François Abu Salem, ein Mann mit weißem Haar und feinen Gesichtszügen. Er gründete in den Siebzigerjahren das Theater Hakawati, irgendwann wurde es während einer Vorstellung angezündet und brannte ab. Er lebte lange in Paris. Adania sagt, er habe sich da weniger mit Theater beschäftigt als mit Psychiatern. Jetzt sitzen wir in seiner Wohnung. Überall liegen aufgeschlagene Bücher auf dem Boden, das soll ein Bühnenbild sein für ein neues Stück, in dem nur ein Schauspieler auftritt und in diesen Büchern blättert. Dazu gibt es Musik, Pink Floyd, *The Wall*.

Wir sitzen stumm da, auf seinem Sofa in Ost-Jerusalem, und hören Pink Floyd.

Nach dem achten Lied sage ich: »Ich muss los.«

Er ruft ein Taxi, das mich beim Qalandiya-Checkpoint absetzt. Den Rest mache ich wie ein ordentlicher Palästinenser zu Fuß.

In der Nacht zu Ostersonntag träume ich, ich schaue in den Spiegel und bekomme einen Bart, der am Kinn immer weiter nach unten wächst. Kurz bevor ich aufwache, bin ich ein Taliban.

Ich liege im Bett und denke darüber nach, ob ich mir mein Mitgefühl für all diese Menschen überhaupt erlauben darf. Ich bin Deutscher, was mache ich hier? In der Nacht Fieber. Wadenwickel mit Palästinensertuch, das gab es in Jericho gratis zur Krawatte.

Mein Gepäck ist angekommen, allerdings im Hilton in

Jerusalem, kein Mensch bringt einem Gepäck nach Ramallah. Die Bücher sind noch drin. Seltsam ist, dass der Wecker verstellt ist, um sechs Stunden, die Batterie läuft aber einwandfrei. Das Goethe-Institut meint, es sei entweder ein Zeichen der Israelis (We are watching you, Ramallah-traveller!) oder die Batterie sei alle gewesen und sie hätten sie freundlicherweise ausgewechselt.

Fahrt nach Dschenin (Jenin), ins Flüchtlingslager, Richtung Nablus.

Majari sitzt am Steuer, vor einiger Zeit ist sein Auto bei Nablus von Siedlern beschossen worden, aber jetzt steht ja Gott sei Dank groß »Goethe« auf unserem Auto. Mohammed Abu Zaid, der meine Texte in Dschenin auf Arabisch lesen wird, fährt auch mit. Mohammed ist eigentlich Arzt, und er liebt deutsche Literatur. Er hat eine Freundin in Berlin, Frau Erpenbeck, die ihm seit 20 Jahren zu Weihnachten eine Karte schreibt, die dann jeweils zu Ostern ankommt.

In Dschenin sieht es aus, wie ich Palästina aus dem Fernsehen kenne. Überall hängen Plakate von Selbstmordattentätern. Arafat nannte es »Dscheningrad«.

Eine Frau, Arna Mer Khamis, Tochter jüdischer Einwanderer, gründete hier lange vor der Intifada ein Jugendtheater, das heute ihr Sohn Juliano, ein palästinensischer Jude oder jüdischer Palästinenser, weiterführt. Es gibt einen Film von Juliano über die Kinder von Dschenin, die in diesem Haus groß wurden, er heißt *Arna's Children* und beobachtet sie über einen Zeitraum von zehn Jahren. Man sieht, wie sie tagsüber in den Trümmern ihrer Häuser wühlen und abends im Kinderhaus Stücke spielen, wo sie ihre Wut rauslassen, sie plötzlich stolz sein können und bewundert werden.

Keines dieser Kinder hat das Jahr 2002 überlebt.

Jussef, den man hier den Clown nannte, weil er versprach, jedem in Dschenin die Sonne ins Haus zu holen, versuchte im Oktober 2001 bei einem israelischen Raketenangriff, ein Mädchen zu retten, das in seinen Armen starb. Er selbst wurde wenige Monate später bei einem Selbstmordattentat in Israel getötet.

Zur Lesung ist sein Bruder gekommen – und etwa 100 Jugendliche.

Ich habe nicht einen einzigen Text, der hier hinpasst.

Mein Übersetzer hat eine Geschichte ausgesucht, in der ich beschreibe, wie mich einmal Innenminister Otto Schily tyrannisierte.

Mohammed trägt auf Arabisch vor. Adina liest eine Geschichte über ihre Uhr, die immer stehen bleibt, wenn sie an den Checkpoints ist, so als wollte ihre Uhr sie trösten und sagen, dass ihr keine Zeit geraubt worden sei.

Nach der Lesung fragt ein Junge, warum denn die eine über eine »Uhr« lese und der andere über ein »Auto«? – Otto Schily heißt auf Hebräisch »mein Auto« – »auto scheli«. Ihn würden aber die Uhr und auto scheli nicht so interessieren, schließlich hätten sie hier nur Tod.

Damit ist alles gesagt.

Ich denke noch einmal an das jüdische Mädchen über den Dächern von Ost-Jerusalem, wie es die Flugbahn der palästinensischen Drachen mit seinen Händen lenkte.

Es gibt einen guten Satz von Goethe an Eckermann über den »West-Östlichen-Diwan« und den Wunsch, Nationalhass zu überwinden, indem man »ein Glück oder ein Wehe des Nachbarvolkes empfindet, als wäre es dem eigenen begegnet«.

Die Kinder in Dschenin, das muss man auch sagen, haben noch nie etwas vom Holocaust gehört. Als

Juliano* ihnen erzählte, sein Onkel sei in Buchenwald in einem KZ vergast worden, schrie alles durcheinander.

Auf dem Rückweg stehen wir wieder im Stau an irgendeinem dieser Checkpoints, die mich immer unruhiger machen, weil Adania jedes Mal Angst hat und sich ganz hinten im Bus verkriecht.

Irgendwann fragt mich Mohammed, wie lange eigentlich die Post innerhalb von Deutschland braucht.

Meine Krawatte, habe ich mir überlegt, werde ich bei der Abreise tragen, Mohammed hat mir gezeigt, wie das mit dem Binden geht. Ich werde sie tragen, und am Flughafen in Tel Aviv habe ich dann ausnahmsweise mal eine Frage an die Polizei:

»Shalom. Do you like my tie?« – »Yes. Why?« – »It's from Palestine!«

2

Für Eylem! / İstanbul-Tagebuch

Freitag, 31. Mai 2013, am Abend:
Auf der İstiklal, in der Nähe des Taksim-Platzes in İstanbul, habe ich mir einen Anzug gekauft, für eine Hochzeit, meine eigene.

Ich laufe mit meinem Anzug in der Anzughülle unterm Arm durch den Gezi-Park, unweit des Taksim-Platzes, wo Menschen zusammengekommen sind, um gegen

* Juliano Mer Khamis wurde am 4. April 2011 von einem maskierten Täter vor seinem Theater erschossen.

die Abholzung von Bäumen zu demonstrieren. Serkan, ein Schauspieler, erklärt mir, dass es der letzte Park İstanbuls sei und dass die Regierung hier ein gigantisches Einkaufszentrum plane, die sechsundachtzigste riesige Shoppingmall in İstanbul, diesmal in der Nachbildung einer osmanischen Kaserne.

Serkan telefoniert. Angeblich habe der Ministerpräsident Recep Tayyip Erdoğan getwittert, dass es ganz egal sei, ob Minderheiten und Anarchisten demonstrieren oder nicht, das Einkaufszentrum werde gebaut.

Es wird immer voller. Sie kommen aus dem Künstlerviertel Cihangir, aus Beşiktaş, einem der mittlerweile teuersten Viertel der Stadt; aus dem konservativen Fatih, aus Kadiköy, von der anderen, der asiatischen Seite. Menschen mit roten Stirnbändern, sie tragen Fahnen mit Mustafa Kemal Atatürk, dem ersten Präsidenten der türkischen Republik. Linke Aktivisten mit braunen St.-Pauli-Hemden, wie sie die Anhänger des Fußballclubs Beşiktaş İstanbul lieben. Frauen mit Kopftüchern, Frauen mit Babys. Kinder und Jugendliche, die auf den Rasenflächen Transparente bemalen und Zelte aufbauen. Unter einem Baum steht ein Mann und hält eine Rede vor Anhängern der Republikanischen Partei CHP, gleich daneben stehen die Kommunisten, hinter ihnen und den Bäumen ragen das Intercontinental-Hotel, das Hyatt und das Hilton hervor.

Serkan sagt, dass er schon drei seiner Exfreundinnen im Park gesehen habe. Und so eine Mischung in İstanbul noch nie: Studenten, Beamte, Hausfrauen, Dozenten, Geschäftsleute, Ärzte, Fußballvereine, Fischer, Rentner, Transsexuelle, Homosexuelle, zusammen mit Aleviten, Kemalisten, Sunniten und Kurden.

Ich frage Serkan, wie viele Exfreundinnen er denn habe und ob der Ministerpräsident überhaupt noch damit recht haben könne, dass all die Menschen hier eine Minderheit seien? Plötzlich schreit die Menge auf. Eine berühmte türkische Serienschauspielerin bahnt sich ihren Weg durch den Gezi-Park, gefolgt von hysterischen Kameramännern. Ich versuche aus dem Park zu gelangen, manchmal verheddere ich mich mit dem Bügel meines Hochzeitsanzugs in den Demonstranten, entschuldige mich und laufe weiter.

Auf dem Taksim-Platz, dem größten Platz der Republik, sind bestimmt 100000 Menschen versammelt. Ich höre, dass auch in anderen Städten, in Ankara, Antalya, Dersim oder Adana, die Menschen auf die Straße gehen. Es geht nicht mehr nur um die Bäume im Gezi-Park. Aus İzmir, sagt jemand, seien Schiffe mit Demonstranten nach İstanbul unterwegs.

Zwei Stunden später:
Die Polizei stürmt den Gezi-Park, brennt die Zelte ab und setzt Tränengas-Granaten ein. Şirin Ünal, Politiker der konservativ-islamischen Regierungspartei AKP, twittert: »Es scheint, dass manche Menschen Gas brauchen.«

Die Menschen rennen aus dem Park auf den Taksim-Platz. Dort steht die Polizei mit Wasserwerfern, sodass ich mir meinen Hochzeitsanzug vors Gesicht halte, die Hülle ist schon im Gezi-Park aufgerissen.

Serkan ist weg. Viele Verletzte. Die Sicherheitskameras am Taksim werden abgeschaltet. Ich sehe eine Frau in einem roten Kleid mit Handtasche, die allein vor Polizisten steht und der mit einer Gaspistole ins Gesicht geschossen wird.

Meine türkische Freundin, die wenige Tage zuvor nach Berlin zurückkehren musste, sitzt am Computer in Kreuzberg und koordiniert über Facebook ihre Freunde am

Taksim-Platz. »Warte vor dem Porta-Pera-Café am Beginn der İstiklal. İsmail, Ayberk, Yavuz, Tan, Bihter, Selda und Hilal kommen auch dort hin, dann könnt ihr euch organisieren!«

»Gut, ich warte«, schreibe ich zurück. Im Café läuft ein Fernseher: Dauerwerbesendung. Ich frage den Kellner, ob er die Nachrichten anschalten kann, vielleicht gibt es einen Bericht darüber, was sich hier gerade vor der Tür abspielt. Der Kellner schaltet auf CNN Türk, dort läuft eine Dokumentation über den Vormarsch von Kebab in Amerika.

»Yavuz bringt *Gaz maskesi* mit. Atemschutzmasken. Bleib da, wo du bist! Deine Eylem«, heißt es in der nächsten Nachricht aus Kreuzberg.

»Schreib mir lieber, ob es irgendwo einen Ausweg gibt!«, antworte ich. »Ich habe meinen Hochzeitsanzug dabei, es ist besser, wenn ich hier irgendwie rauskomme.«

»Metro und Straßen blockiert, Fährverkehr eingestellt! Hast du die Bilder von der Brücke gesehen?«

»Nein.«

»Wenn du mich heiraten willst, musst du die Revolution mitmachen!« Was für ein Satz …

Sonnabend, 1. Juni, morgens:

Die Bilder von der Brücke bei Facebook. In der Nacht sind vom asiatischen Teil der Stadt immer mehr Menschen zu Fuß über die Bosporus-Brücke zum Taksim-Platz gelaufen. Die ganze Brücke voller Menschen. Tausende, die hoch über dem Meer im Sonnenaufgang zum Taksim ziehen. Was für ein Aufbruch!

Meine Freundin schickt immer weitere Bilder: Busfahrer, die mitten auf den Taskim-Platz fahren, um sich schützend mit den Bussen zwischen die Demonstranten und die schießenden Polizisten zu stellen. Aktivisten der Fangruppierung »Çarşı« von Beşiktaş İstanbul, die es geschafft haben, einen Panzer der Polizei zu besetzen. Ein gelber und ein orangefarbener Bulldozer im Gezi-Park, brennend. Bilder von Bordellen in Beyoğlu, die ihre Betten für Verletzte freimachen.

Mittags:
Ich sehe Erdoğan im Fernsehen sprechen. In der Türkei sieht man fast immer nur Erdoğan im Fernsehen, stundenlang senden sie seine statischen, mechanischen Reden. Diesmal ist sein Körper angespannt. Wenn er »Taksim« sagt, ballt er entweder die Faust oder er lächelt alles weg, mit abfälligen Gesten. Der Körper sagt alles. »Demokrasi« betont Erdoğan manchmal, aber man merkt, dass die Demokratie für ihn nur ein Begriff und ein Zug ist, auf den er aufgestiegen ist, um woanders anzukommen, wenn ihn keiner aufhält.

Ich habe drei Mal gegen die türkische Schriftsteller-Nationalmannschaft Fußball gespielt, und jedes Mal war es eine andere Mannschaft, weil wieder einige von ihnen im Gefängnis saßen. Sie verzweifelten, weil der Rest der sonst so stolzen, lebensfrohen Türken die Repressionen einfach hinzunehmen schien.

Und nun das.

Im Internet wird ein unglaubliches Bild über hunderttausend Mal herumgeschickt: Fans von Fenerbahçe, Galatasaray und Beşiktaş, Arm in Arm, Seite an Seite. Wenn sich bis auf den Tod verfeindete Fangruppen so vereinigen, dann muss etwas geschehen sein.

Am Nachmittag:
Das türkische Innenministerium blockiert vorübergehend den Zugang zu Facebook, YouTube und Twitter. Gleichzeitig lässt Erdoğan verkünden, dass man seine Rede missverstanden habe. Er würde nun im Gezi-Park vielleicht doch kein Einkaufzentrum im Stil einer osmanischen Kaserne bauen.

Meine Freundin berichtet, dass ihre Eltern in Antalya keine Ahnung haben, was in İstanbul und in anderen Städten des Landes passiert. Ihr Vater ist aus dem Haus gegangen, um sich einen Computer zu kaufen.

Sonntag, 2. Juni, in der Nacht:
Demonstranten durchbrechen in Beşiktaş eine Absperrung und versuchen, bis zu den Regierungsbüros in Dolmabahçe vorzudringen. Ich bin mit Yavuz, einem Freund, der ein Weingut außerhalb İstanbuls bewirtschaftet, auf der Straße unterwegs. Irgendwann kommen wir nicht mehr durch die engen Gassen. Die Polizei hat alles umstellt, mit Wasserwerfern blockiert und die Menschen eingekesselt. »Das ist die Rache für die Besetzung des Panzers durch Çarşı«, erklärt Yavuz. Die Menschen laufen schreiend durch die Gassen, blind von den Pfeffergas-Granaten. Überall leere Patronenhülsen, tote Hunde und Katzen. Einige berichten auch von schlimmen Verletzungen, angeblich durch »Agent Orange«, das die Amerikaner im Vietnamkrieg einsetzten.

İsmail, der Cousin meiner Freundin und Mannschaftsarzt von Beşiktaş İstanbul, organisiert Behälter mit Limone, Milch für die Augen und Medikamente gegen Magenkrämpfe. Im Internet organisiert er Ärzte-Kollegen, die ihre Wohnungen öffnen und Platzwunden und Verbrennungen behandeln.

Als ich mit Yavuz, meinem Freund, durch eine Restaurantgasse zu İsmail vorzudringen versuche, treten vier Männer in Anzügen und mit Goldketten aus einem Lokal und schießen uns den Weg frei. »Die Mafia hilft nun auch mit!«, ruft Yavuz.

Ich schalte bei İsmail den Fernseher ein. Auf CNN Türk läuft eine Dokumentation über Pinguine.

Sonntag, Mittag:

Erdoğan twittert wieder. Er schreibt, dass er auch eine Moschee auf dem Taksim-Platz bauen lassen kann, er brauche dafür keine Erlaubnis. Er twittert: »Wenn ihr 100 000 seid, dann bringe ich euch eine Million.« Er wirkt wie ein verstörtes, um sich schlagendes und twitterndes Riesenkind, das bisher machen durfte, was es will.

Ich fahre zum Taksim-Platz. Keine zwei Stunden nach Erdoğans Sätzen sind hier wieder 100 000 Menschen. Und der Regierungschef lässt, wie ich höre, weitere »Sicherheitstruppen« aus Ankara einfliegen.

Die Menschen beginnen den Gezi-Park und den Taksim-Platz aufzuräumen. So etwas habe ich noch nie gesehen. Demonstranten, die aufräumen und zerstörte Straßen pflastern! Sie skandieren: »Tayyip, tritt zurück!«. Tausende von Frauen stehen an ihren geöffneten Wohnungsfenstern und schlagen mit Löffeln auf Kochtöpfe und Pfannen.

Später Abend:

İsmail ruft an und sagt, dass bei ihm in der Straße in Beşiktaş die Polizisten sogar auf Menschen einprügeln, die sich in einer Moschee verschanzt haben.

Ich schalte in meiner Wohnung wieder CNN Türk ein, und diesmal läuft eine Dokumentation über die Strahlung auf dem Mars.

Montag, 3. Juni, morgens:
Meine Freundin ruft an: »Schalte sofort türkisches Fernsehen ein!«

»Warum? Ich weiß schon alles über Pinguine und den Mars.«

»Wir haben in der letzten Nacht eine Demonstration vor den Nachrichten-Redaktionen organisiert! Sie berichten jetzt!«

»Das ist ja wirklich eine Revolution«, antworte ich. »Wenn man doch auch in Deutschland die Fernsehprogramme so verändern könnte!«

In der Nacht:
Ich laufe zum Taksim-Platz. Hubschrauber kreisen mit Suchscheinwerfern über dem Gezi-Park und feuern aus der Luft Gasgranaten ab. Die Menschen schreien. Ich sehe Serkan an mir vorbeilaufen.

Dienstag, 4. Juni, Vormittag:
Meine Freundin hat mir in den letzten Tagen so viel geschrieben wie noch nie. Hunderte von Mails, SMS und Facebook-Nachrichten.

Ihre letzte, eben gerade, habe ich mir abgeschrieben: »Ich habe die Menschen meines Landes noch nie so erlebt. Wie sie sich gegenseitig geholfen haben. Wie mutig sie waren. Wie würdevoll. So eine Bewegung, so eine Kraft. Auch wenn sich sichtbar nichts ändern wird, aber mein Land ist in diesen Tagen ein anderes Land geworden. Und ich bin so stolz auf meine Freunde, die alle dazu beigetragen haben. Deine Eylem.«

»Eylem« bedeutet im Türkischen »Handlung. Tat. Aktion«.

3

So muss 68 gewesen sein! / Über die Gezimenschen in İstanbul

Am 19. Juni 2013 durfte ich wegen Obamas Abendessen nicht mal meine Fenster öffnen. Ich sah aus meinem Arbeitszimmer auf das Charlottenburger Schloss: Secret Service (Sonnenbrillen), die Elitetruppe Navy Seals (Sturmgewehre), Elite-Soldaten des »Joint Special Operations Command« (killed Osama bin Laden), Spezialkräfte des Bundeskriminalamtes, Räumpanzer, dazwischen der Große Kurfürst auf seinem Pferd, der Einzige, der noch geblieben war.

»Das ist ja eine Okkupation!«, sagte Frau Müller, meine Nachbarin, die gerade am Spandauer Damm abgefangen und von der Polizei nach Hause geleitet worden war. »Zwei Meter über Ihnen liegen übrigens Scharfschützen auf dem Dachboden!«

»Ach, darum ruckelt das so«, sagte ich, »ich dachte, das sei ein Marder oder ein Siebenschläfer?«

»Nee, GSG 9«, erklärte Frau Müller.

»Mein Gott ... GSG 9? Auf meinem Dach?? Freu ich mich wieder auf İstanbul!«, stotterte ich. »In İstanbul gibt es auch eine Okkupation, aber die ist wenigstens sinnvoll! Vollkommen irre für ein Abendessen eines Demokraten, unsere Wohngegend in ein Militärgebiet zu verwandeln, da ist mir der Taksim-Platz lieber!«

Seit zwei Wochen bin ich wieder in İstanbul. Der Gezi-Park wurde zwar von der Polizei geräumt, aber von den Wochen der Gezi-Park-Besetzung sprechen die Menschen immer noch mit Glanz in den Augen. Ein Park wie ein fröhliches Dorf mit Zelten, Buchläden, Theaterbühnen, Tangotänzern, auch einen Gezi-Park-Friseur gab es für die »Capulcus«, »die Plünderer«, wie sie der Ministerpräsident Erdoğan abfällig nannte. Und sogar kleine Restaurants wurden im Park aufgebaut.

Wenn Obama statt im Schloss Charlottenburg hier im Gezi-Park bekocht worden wäre und sich dabei mit Erdoğan ein bisschen über »demokrasi« und »privacy« unterhalten hätte, dann hätten sie nebenbei auch begriffen, wie es einmal 1968 gewesen sein muss. Gezi ist wirklich das türkische 68.

Mittlerweile demonstrieren die Gezimenschen in der ganzen Stadt. Jeden Abend um 21 Uhr klatschen sie in den Cafés, Hausfrauen öffnen zu Hause ihre Fenster und schlagen auf Kochtöpfe, was ich bei Obama auch hätte tun sollen.

Ich beobachte solch eine ältere Hausfrau fast jeden Abend, wie sie um Punkt 21 Uhr, wenn die Menschen zu den Kundgebungen auf die Straße laufen, auf einem winzigen Balkon mit einem Kochlöffel so lange auf ihre Eisenpfanne schlägt, bis einer der Demonstranten zu ihr hochschaut und winkt. Dann zieht sie sich mit einem Lächeln in ihre Wohnung zurück.

Von diesen Frauen gibt es Tausende in İstanbul, man nennt sie liebevoll die »Pot-and-Pan-Gang«.

Überall in der Stadt versammeln sich die Gezimenschen und halten Reden, es ist wie die Erfindung der freien Rede, der Demokratie. Gestern hat ein Pianist sein Klavier auf den Taksim-Platz geschoben und »Imagine« von John Lennon gespielt, bis sein Klavier beschlagnahmt wurde.

In einem Theaterstück von Ionesco verwandeln sich die Menschen in Nashörner, in Totalitaristen, hier ist es umgekehrt, hier verwandeln sie sich immer mehr in Gezimenschen, in Freiheitsmenschen. Lenin sprach im Zusammenhang mit der Revolution von »Elektrifizierung«, als ob plötzlich überall das Licht anginge. So ist das in İstanbul.

Es gibt auch Situationen, in denen ich meine Rolle als Schriftsteller aus den Augen verliere. Vor ein paar Tagen lud das Goethe-Institut anlässlich einer İstanbul-Ausstellung des Berliner Fotografen Jim Rakete zum Abendessen. Man tafelte hoch über der Stadt in einem Restaurant in Cihangir. Unten marschierten Polizeitruppen mit Tanks, Wasserwerfern und Gasgranaten auf. Meine Freundin aus İstanbul griff in Gegenwart von Vertretern des Auswärtigen Amtes nach den Rakı-Flaschen, wir hätten sie von oben genau auf die Polizei werfen können, wie eine selbsternannte GSG 9 zum Schutze der friedlichen Gezimenschen.

Die Ausstellungseröffnung von Jim Rakete, Fotografien junger İstanbuler, wurde auch von der Polizei gestört. Am gleichen Abend sollte der Gezi-Park »für das türkische Volk« wieder geöffnet werden, wie Erdoğan erklärt hatte. Kaum näherten sich aber die Gezimenschen wieder ihrem Park, wurden sie durch die Straßen gejagt, genau an der Galerie vorbei.

Am Ende sah ich den großartigen Jim Rakete einsam vor der Galerie dastehen wie der große Kurfürst vor meinem Schloss inmitten dieser irrsinnigen Obama-Militarisierung.

4

Wieder in Deutschland … / Über die Frage, wofür wir noch kämpfen

September 2013. Nach längerer Zeit war ich wieder für ein paar Tage in Deutschland. Ich saß im Café in Berlin, Prenzlauer Berg, und beobachtete eine Welt in Zeitlupe.

Wie faszinierend es sein kann, wenn man Menschen in Berlin über die Straßen gehen sieht! Ganz langsam, auch bei Rot, so als gäbe es keine Gefahr. Junge, unverwundbare Männer auf Fahrrädern, die Autofahrer in die Schranken weisen. Und an den Café-Tischen auf der Straße überall Menschen mit einer betont individuellen Haltung, die ständig beobachten, ob andere sie beobachten.

In İstanbul habe ich eine Welt gesehen, in der Millionen Teilchen in rasendem Tempo ineinandergriffen, ohne dass sie besonders Notiz voneinander nahmen. Die Männer rannten, die Frauen rannten. Die Frauen waren entweder verhüllt oder innerlich verhüllt, tief in sich zurückgezogen, um sich vor den Blicken der Männer zu schützen, die es offenbar längst aufgegeben haben, eine Frau durch einen Augenblick zu erobern. Die Energie der İstanbulmenschen entlud sich auf den Märkten beim Handel; im Irrsinnsverkehr, den kein Prenzlauer oder Kreuzberger Fahrradfahrer überleben würde; beim Tanzen auf der İstiklal in der Nacht und beim religiösen Gebet. Oder beim Demonstrieren auf dem Taksim-Platz, bei der Flucht vor den Gas-Angriffen der Polizei.

Fast jede Nacht gab es unter meinem Fenster Aufmärsche: gegen Ministerpräsident Erdoğan, gegen Zensur, gegen Polizeigewalt. In der nächsten Nacht marschierten

Islamisten auf: für Erdoğan, gegen Assad in Syrien, für Mursi in Ägypten. Und die folgende Nacht: wieder gegen Erdoğan, gegen die Muslimbrüder in Ägypten, gegen die Islamisten in Syrien, die Rebellen, die Dschihadisten, die al-Nusra-Front, die syrische Kurden abschlachtet.

Und in Berlin, in Deutschland, da ist nun Wahlkampf, und ich muss mich fast schämen. Ich weiß gar nicht, welches Extrem ich auf Dauer zum Leben wählen würde. Eine Gesellschaft, in der die Fragen über Staat, Religion, Demokratie und Gerechtigkeit so groß, so unausgefochten, aber auch so einnehmend und elementar sind, dass kaum noch Platz für anderes bleibt?

Oder eine Gesellschaft, in der fast alles auserzählt zu sein scheint, die Attitüden immer größer werden und in der keiner so recht weiß, worum eigentlich noch wirklich gekämpft werden soll, selbst wenn Wahlkampf ist?

Ich lese in der Zeitung immer weniger über die NSA-Affäre, dafür immer mehr über die Pkw-Maut als Wahlkampfthema, über vegetarische Kantinentage, über Mietpreise und darüber, dass in Berlin keine Hänge-WCs mehr in Wohnungen eingebaut werden sollen, weil das als Luxussanierung gilt. Hänge-WCs als Wahlkampfthema …

Banken, Finanzkrise, Europa??

Dafür gibt es die deutsche Steuerdebatte: erhöhen, senken, ein bisschen, in der Mitte runter, in der Spitze rauf, beides, doch nicht, vielleicht, nur unten runter … Und wenn man bei Google »Wahlkampf« eingibt, dann kommt schon als drittes Suchergebnis »Wahlkampfkostenerstattung«.

Vielleicht ist also die Krise eines Kanzlerkandidaten, der nicht weiß, womit er angreifen soll, eher etwas Symptomatisches, Zeichenhaftes, Deutsches, eben ein Suchergebnis. Und dieses Suchergebnis – »Null Treffer« – steht uns allen auf der Stirn.

Auf dem Alexanderplatz sah ich zwischen Wahlkampfplakaten und belegten Gratis-Brötchen der SPD eine kleine Gruppe, die für ein freies Syrien demonstrierte und die von deutschen Wählerinnen und Wählern beobachtet wurde. Sie standen da, sahen auf die syrischen Demonstranten und stopften die Brötchen in sich hinein. Dann landete plötzlich ein ADAC-Hubschrauber mitten auf dem Platz, und gelb unifomierte ADAC-Mitarbeiter warben um neue Kunden.

Die Deutschen drehten nur die Köpfe und starrten nun kauend auf die Werbemaßnahme, während die syrischen Demonstranten vom Hubschrauber fast weggeweht wurden.

Nachweis der Veröffentlichungen

MODERN TIMES (Zu moderne Zeiten)

1. Raketen nach Ratingen
   Der Tagesspiegel, 17.9.2007
2. Ich bin Migrationskunde! – Ich möchte endlich ein sozialistisches Handy mit einem kommunistischen Mobiltarif! / Über die Tücken des Internets
   Der Tagesspiegel, 21.11.2010
3. Wenn die Wolke Daten speichert / Über die Zukunft unseres Wissens
   Der Tagesspiegel, 31.7.2011
4. All unsere schönen Daten / Über Facebook
   Der Tagesspiegel, 30.10.2011

5. Der Eisbär antwortete nicht / Ein umweltpolitischer Traum vom Jahr 2041
(Aus »Bremen 2041: Erzählungen aus der Zukunft«, Verlag Bremer Tageszeitungen, November 2011)
6. Vampire in der Küche / Meine persönliche Geschichte der Lebensmittelskandale
Der Tagesspiegel, 16.1.2011
7. Lass Heide reden! / Idee für einen Dogma-Film über Doping
Der Tagesspiegel, 9.7.2007
8. Eyjafjallajökull! / Über Asche, Naturkatastrophen und deutsches Unverständnis
Der Tagesspiegel, 25.4.2010
9. Herrrrrrrmannstraße? / Über die Globalisierung auf dem Flughafen Schönefeld
Der Tagesspiegel, 11.6.2007

UNTERWEGS MIT DER KANZLERIN (KriseKriseKrise)

1. Die Legende von Ugu, Mabu und Bubu / Unterwegs mit der Kanzlerin
Der Tagesspiegel, 26.9.2010
2. Die Hunde von Santorini / Achill, Ariadne, Elektra, Diogenes, Hektor, Kassandra, Europa
Der Tagesspiegel, 1.8.2010
3. Dann schon lieber Angola! / Eine Mail der Kanzlerin aus Luanda
Der Tagesspiegel, 14.7.2011
4. Noch ein stilles Wasser bitte! / Über die Zukunft Europas im Bord-Bistro
Der Tagesspiegel, 2.10.2011
5. Das Prosawerk meines Finanzberaters / Über die Sehnsucht nach einer lutherischen Moralkeule
Der Tagesspiegel, 23.9.2012

6. Wie ich dem Finanzminister Euros verschaffte / Über Wertschöpfung in unserer Gesellschaft
   Der Tagesspiegel, 14.4.2013
7. Mit der Krise vorm Kanzleramt im Schnee / Über eine besondere Sucht
   Der Tagesspiegel, 16.12.2012

FANATIKER DES AUGENBLICKS (Alles über Bewusstseinsbulimie)

1. Die Tyrannei des Augenblicks / Über unsere verlorene Zeit
   DIE ZEIT, 14.7.2011
2. That's All Right, Mama / Über die Erinnerungssysteme einer Medienrepublik
   Der Tagesspiegel, 2.9.2007
3. Wir schalten um zur Trauerfeier / Über öffentliche Anteilnahme
   Der Tagesspiegel, 7.8.2010
4. Die Revolution unter den Zeitungsstapeln / Über zerstreute Wut
   Der Tagesspiegel, 17.3.2013
5. Im Haus der untergegangenen Träume / Mit Udo Lindenberg bei Liebknecht
   Der Tagesspiegel, 31.1.2010
6. Die aufgehobene Zeit / Zum Messie-Syndrom
   Der Tagesspiegel, 5.6.2011

IM WARTEZIMMER DER WÜRDE (Lauter Farcen)

1. Das Leben könnte so schön sein! (Erster Brief von Bundesminister Horst Seehofer an seine Exfreundin)
   Der Tagesspiegel, 22.7.2007
2. Menschlein und Mächtchen / Über das politische Amt in Deutschland
   Der Tagesspiegel, 23.1.2007

3. Sehnsucht nach Genscher / Bericht aus der Bundesversammlung
Der Tagesspiegel, 4.7.2010

4. Die Schokolade aus der Staatskanzlei / Über Transparenz
Der Tagesspiegel, 29.1.2012

5. Warum nicht gleich den Präsidenten googeln / Über die Gier nach Namen
Der Tagesspiegel, 26.2.2012

6. Kleiner Zapfenstreich für große Frau / Weltfrauentag
Der Tagesspiegel, 25.3.2012

7. Im Wartezimmer der Würde / Michael Ballack, Michael Schumacher und Christian Wulff besuchen einen Therapeuten fürs Karriereende – Eine Sprechstunde
Der Tagesspiegel, 7.10.2012

8. 270 Mal bei Rot über die Ampel! / Über den Doktor Theodor zu Guttenberg – oder die bewusste oder unbewusste Schamlosigkeit
Der Tagesspiegel, 25.2.2011

9. Die Minute der wahren Empfindung / Übers Lügen – oder Wie die Kanzlerin eine SMS bekam und für einen Moment die Wahrheit aufleuchtete
Der Tagesspiegel, 13.3.2011

10. Meine Frau will aber nicht nach Berlin / Wie Minister in Deutschland ausgesucht werden
Der Tagesspiegel, 9.3.2011

11. Über Sex und Gesellschaft (Zweiter Brief von Horst Seehofer an seine Exfreundin)
28.8.2011

12. Die Instrumentalisten und allberechnenden Barbaren / Über deutsche Politiker
Der Tagesspiegel, 10.4.2011

13. Kinski hätte da nicht mitgemacht! / Über Hype – Ein Abend im Berliner Club der Piraten
Der Tagesspiegel, 5.12.2011

14. Gedanken übers deutsche Schreddern / Bewusstseinsschreddern!
Der Tagesspiegel, 18.11.2012

15. Ach, Deutschland ... / Aus der Ausländerbehörde im Wedding
Der Tagesspiegel, 24.6.2012

ZUMWINKELN! WE HAVE THE BONI, YOU HAVE THE CRASH (Grundsätzliches zur Farce)

1. Zumwinkeln bis der Vorhang fällt / Über die Farce als höhere Gesellschaftsform (Bestandsaufnahme von einem der unmoralischsten Jahre der neueren Zeitrechnung)
Der Tagesspiegel, 17.3.2009

2. Kleines Sittenbild auf großer Yacht / Fortsetzung der Farce
Der Tagesspiegel, 17.9.2010

DIE VERRÜCKTEN WERDEN IMMER VERRÜCKTER (Aus dem eigenen Betrieb)

1. Inferno (Über Buchmessen)
Der Tagesspiegel, 28.3.2010

2. »Sie schreiben wie Rainer Maria Rilke« / Über den Zufallsgenerator und das Kulturgerenne
Der Tagesspiegel, 24.10.2010

3. 4:4 / Über die geistige Elite
Der Tagesspiegel, 21.10.2012

4. Die Kategorien sind in der schändlichsten Verwirrung / Über Präsenz, die alles Unvermögen heiligt, und über den Duft von Paris Hilton
Der Tagesspiegel, 27.10.2013

5. Sie denken zu kompliziert für eine Talkshow! / Über das Leid mit den Öffentlich-Rechtlichen
Der Tagesspiegel, 12.5.2013
6. Irgendwann fängt es an zu klingeln / Über die Filmwelt – Tagebuch meiner allmählichen Verwahrlosung als Jury-Mitglied auf der Berlinale
Der Tagesspiegel, 19.2.2012
7. Stadt der Hühner / Über die Verwandlung der Berlinale-Menschen in Tiere
Der Tagesspiegel, 18.2.2008
8. Die Errettung des Heinrich von Kleist
Der Tagesspiegel, 27.11.2011
9. Im Stundenhotel mit Max Frisch / Überlebensbücher
DER SPIEGEL, 18.2.2008
10. Zwei Päpste und ein Mädchen / Über Marcel Reich-Ranicki
Der Tagesspiegel, 29.9.2013
11. Sie hätte sich in Rodin verlieben müssen! / Über Paula Modersohn-Becker
Der Tagesspiegel, 29.10.2007
12. How was it on the moon? / Begegnung mit Edwin Buzz Aldrin
Der Tagesspiegel, 20.7.2009
13. Das Drama der Meerjungfrauen / Über Theater, Fische, Gräten und Restflossen
Der Tagesspiegel, 5.5.2008
14. Mein Weg / Die Bundeskanzlerin und das moderne Regietheater
Süddeutsche Zeitung, 17.5.2010
15. Fiktion und Wirklichkeit (Über das Romanhafte)
Der Tagesspiegel, 6.6.2010
16. Grabowski statt Grass! (Über deutsche Debatten)
Der Tagesspiegel, 22.4.2012

Das Leben hinter den Nachrichten (Reisen)

1. Der Palästina-Blues / Zehn Tage in Ramallah, Jericho und Dschenin
   Der Tagesspiegel, 15.4.2007
2. Für Eylem! / İstanbul-Tagebuch
   DIE ZEIT, 6.6.2013
3. So muss '68 gewesen sein! / Über die Gezimenschen in Istanbul
   Der Tagesspiegel, 14.7.2013
4. Wieder in Deutschland ... / Über die Frage, wofür wir noch kämpfen
   Der Tagesspiegel, 1.9.2013

Quellen:

All unsere schönen Daten / Über Facebook

Samuel Beckett: Das letzte Band, Suhrkamp Taschenbuch 1974, S. 16 ff.

Meine Frau will aber nicht nach Berlin / Wie Minister in Deutschland ausgesucht werden

Franz Kafka: Das erzählerische Werk. Band II. Rütten & Loening Berlin, 1983, S. 703.

Die Minute der wahren Empfindung / Übers Lügen

Friedrich Nietzsche: Über Wahrheit und Lüge im außermoralischen Sinn, 1873, aus dem Nachlass, zitiert nach http://www.uni-erfurt.de/fileadmin/public-docs/Literaturwissenschaft/ndl/Material_Schmidt/Nietzsche_Über_Wahrheit.pdf

Die Tyrannei des Augenblicks / Über unsere verlorene Zeit

Zitat Leo Lania aus: Hans Ulrich Gumbrecht: 1926 (Ein Jahr am Rande der Zeit) Suhrkamp Wissenschaft, 2003, S. 293.

Friedrich Nietzsche: Unzeitgemäße Betrachtungen, darin: vom Nutzen und Nachteil der Historie für das Leben, Kapitel 9. Insel Taschenbuch, 1981. Seite 163.

Weitere Titel von Moritz Rinke bei Kiepenheuer & Witsch

Also sprach Metzelder zu Mertesacker … Lauter Liebeserklärungen an den Fußball. Taschenbuch. Verfügbar auch als eBook

Der Mann, der durch das Jahrhundert fiel. Roman. Taschenbuch. Verfügbar auch als eBook

Das große Stolpern. Erinnerungen an die Gegenwart. Taschenbuch